KB205964

공유 교회 선한친구들 이야기

교회 공간을 만들어 주며, 작은 교회를 살리는 사람들

세움북스는 기독교 가치관으로 교회와 성도를 건강하게 세우는 바른 책을 만들어 갑니다.

동네 교회 이야기 시리즈 10

공유 교회 선한친구들 이야기

교회 공간을 만들어 주며, 작은 교회를 살리는 사람들

초판 1쇄 인쇄 2025년 3월 15일
초판 1쇄 발행 2025년 3월 20일

지은이 | 문경주
펴낸이 | 강인구

펴낸곳 | 세움북스
등 록 | 제2014-000144호
주 소 | 서울시 종로구 대학로 19 한국기독교회관 1010호
전 화 | 02-3144-3500
팩 스 | 02-6008-5712
이메일 | cdgn@daum.net

디자인 | 참디자인

ISBN 979-11-93996-40-9 (03230)

동네 교회 이야기 시리즈 10

교회 공간을 만들어 주며,
작은 교회를 살리는 사람들

공유교회
선한친구들 이야기

문경주 지음

세움북스

Recommendation
추천사

이 책의 초고를 받고 첫 장을 읽었을 때, 감정이 북받쳐 눈물이 흘렀습니다. 문 목사님과 함께한 시간들이 주마등처럼 스치며 그동안의 여정이 떠올랐습니다. 누구에게나 아픔이 없을 수 없으며, 흔들리지 않고 피는 꽃이 없듯이, 문 목사님의 사역도 결코 순탄치 않았습니다. 하지만 그 아픔과 흔들림이 기쁨의 열매 한 아름 담은 이야기가 되어 우리에게 돌아왔습니다. 우리 삶 속에서 피어나는 웃음꽃은 아픔과 눈물이라는 자양분을 통해 자라납니다.

작고 작은 교회를 찾아 돕고, 해외 오지까지 달려가는 사역의 발걸음은 강도 만난 이웃을 위해 자신의 시간과 재원을 아낌없이 드렸던 선한 사마리아인의 마음을 닮았습니다. 《공유 교회 선한친구들 이야기》는 많은 이들에게 꿈과 희망의 증거가 될 것입니다.

양들을 위해 온 힘을 다 쏟다 지쳐 버린 목회자들에게, 희망이 보이지 않는 현실 앞에서 신앙이 흔들리는 크리스천에게 정중히 이 책 한

권을 권합니다. 이 이야기가 신앙의 바른 방향을 알려 주는 나침반이 되리라 믿습니다.

∥ 김영식 (남부대학교 교수, 웃음박사)

"너무 감사해요. 이제 엄마 아빠, 동생들과 함께 살게 됐어요."양손에 장애가 있는 열일곱 살 '스레이 여이'의 눈가에 이슬이 맺힌 것을 봤습니다. 2025년 1월 선한친구들의 단기 선교, 캄보디아 땅에 장애인 보금자리 주택을 완성하고서 방 안에 작은 십자가를 걸었습니다. 주일이면 마을 교회가 된다는 말에 한없이 행복이 밀려들었습니다.

지난 10년의 추억이 스쳐 갑니다. 극심한 우울증으로 고통 속에 있던 시간, 기쁘고즐거운교회에서 드린 20년 만의 예배, 영안을 여시고 믿음의 기업가로 살아가라 명령하셨던 준엄한 하나님의 음성, 순종했던 시간 위에 물 붓듯이 축복하셔서 사업의 지경을 창대하게 하신 은혜.

책 속에는 선한친구들의 사역을 관통하는 핵심 메시지가 녹아 있습니다. "하나님, 시퍼렇게 살아 계십니다. 제발 낙담하지 말고 믿음으로 살아요. 수로보니게 여인처럼 간절히 구하세요. 반드시 반전이 일어납니다."내 안의 절망과 우울, 변하지 않을 것 같은 아픔과 환경을 보며 눈물 흘리는 누군가에게 이 책의 일독을 권합니다. 작은 믿음의 발걸음이 만들어 내는 놀라운 스토리가 이제 당신의 이야기가 될 것입니다.

∥ 진상희 (㈜하얀메디칼 대표이사)

인생의 목적과 최고의 가치를 하나님을 즐거워하는 것으로 삼는 사람. 공유 교회와 선한친구들 사역을 기쁘게 감당하는 문경주 목사님과의 만남은 어느덧 30년이 넘었습니다. 언뜻 보면 아무 고생도 어려움도 없이 귀공자처럼 지내왔을 것 같은데, 연단과 고난의 시간을 이겨 내며 여기까지 왔음을 잘 알고 있기에 그의 사역이 더욱 뜻깊게 다가옵니다.

저는 어려움 중에 있는 누군가와 이야기할 때면 간혹 이런 말을 건넵니다. "가시덤불 속에서도 하나님이 함께하시면 희망이 있다."

편안하게 풀어 쓴 스토리 속에는 음침한 사망의 골짜기를 지날 때도 여전히 우리 곁에 가까이 오셔서 "힘을 내라"라고 "내가 동행한다"라고 격려하시는 성령의 위로와 따스한 은혜가 담겨 있습니다.

《공유 교회 선한친구들 이야기》를 읽는 모두가 사회적으로나 경제적으로 어려움과 혼란이 엄습하고 믿음이 약해질 수 있는 이 시대를 잘 이겨 낼 수 있는 지혜와 하나님으로 인한 긍정의 힘을 얻게 되길 바랍니다.

‖ **홍공숙** (광주 포도원교회 장로, 광주극동방송 운영위원)

Prologue
프롤로그

케냐에서

케냐 암보셀리국립공원 호텔 올 투카이 로비에서 이 글을 쓴다. 마사이족 선교를 위해 사역하시는 N 선교사님과 함께한 열흘. 그동안의 피로를 풀자며 찾은 드넓은 아프리카 초원. 그곳에서 TV에서나 보던 '동물의 왕국'을 만났다. 마치 어린아이처럼 어찌나 신이 나던지···. 어떻게 하다 여기까지 왔지? 이렇게 행복한 시간을 선물해 주신 하나님께 감사하다가 문득 케냐에 들어오자마자 만난 잊지 못할 기억 하나가 떠오른다.

케냐에 도착해 바로 다음 날, 200명의 아이들을 교육하는 초등학교를 방문하고 돌아오는 길에 갑작스러운 상황을 만났다. 날씨가 심상치 않았다. 구름이 잔뜩 끼더니 빗방울이 떨어지는 게 아닌가. "큰일 났다!" 선교사님이 빨리 빠져나가야 한다고 그 산길에서 속도를 올리기 시작했다. 비가 많이 내리면 진흙 길이 되고 계곡에 물도 차올라 힘들다는 것. 산길만 최소 두 시간을 가야 하는데 이걸 어쩌란 말인가? 오프로드 레이싱을 열심히 했지만 결국 건널 수 없는 계곡을 만나고 말았다. 계곡에 무섭게 급류가 흐르고 섣불리 건너가려다 잘못하면 떠내려갈 상황이었다.

뒤로 다시 후진해 민가가 있는 곳에 가 볼까도 했지만, 그 길도 막혔다. 뒤쪽 계곡도 금방 차올라 오도 가도 못하고 산길에 꼼짝없이 갇히고 말았다. 일기예보를 보니 비가 계속 내린다고 한다. 그것도 이틀 동안 계속! "잘못하면 차 안에서 노숙할 수도 있겠는데요." 얼마나 당황스러웠는지…. 양식도 없고 물도 없다. 어제 처음 만난 선교사님과 친해지지도 않았는데 이틀 이상을 좁은 차 안에서 같이 노숙해야 한다니! 그것도 처음 온 아프리카 산속에서…. 밤에는 맹수가 다닌다는데…. 아하… 갑자기 이런저런 두려운 생각에 마음이 어려워졌다. 위기였다. 아무런 방법이 없지 않은가? 할 수 있는 게 아무것도 없었다. 이럴 때는 어떻게 해야 할까?

시편 기자는 노래한다. "너희는 가만히 있어 내가 하나님 됨을 알지어다"(시 46:10). 불안에 떨지만 말고, 때로는 하나님 앞에서 가만히 있는 것도 필요하다. "가만히 있어"라는 말은 '멈추다', '긴장을 풀다'라는 뜻이다. 인생의 어려움이 찾아오면 하나님을 향한 자기 목소리를 키우거나 하나님의 개입을 바라면서 더욱 바삐 움직이는 사람들이 있다. 그러나 모든 것을 멈추고 기다릴 때, 하나님의 하나님 되심과 그분의 높으심을 선명하게 알 수 있다. 자기 힘을 빼는 것은 도리어 피난처이신 하나님을 붙드는 적극적인 신앙일 수 있다.

뒤쪽 상황 살피고 비에 흠뻑 젖어 차에 들어온 선교사님이 툭 던지는 한마디. "뭐 할 게 없네. 잠이나 좀 자죠." 여러분 같으면 이런 때 잠이 오겠는가? 하지만 나도 나다. 기도는 이미 했다. 그것도 간절히…. "일기예보는 멈추지 않는 비지만 하나님은 하시잖아요. 비를 좀 멈춰 주세요!"라고 기도했으니, 자야지 뭐…. 선교사님과 같이 시트를 눕히고 머리를 댔다. 잤을까? 와! 정말 40~50분 툭 떨어져서 단잠을 잤다. 우리 힘을 다 빼고 하나님께 맡기고 잤다. 선교사님하고 코드(?)가 맞는 느낌. 자고 났는데 빗소리가 안 들린다! 아니, 이게 웬일? 비가 멈췄다! "산이라 비 그치면 물도 빨리 빠져요. 가 볼까요?" 와! 물은 흐르는데 많이 줄었다. 빠져나왔다! 할렐루야!

이렇게 무사히 집에 도착했다. 해피 엔딩! 이러면 얼마나 좋을까? 아프리카 산길은 그렇게 호락호락하지 않았다. 계곡을 서너 개 더 지나 급경사 길을 만났다. 비가 와서 진흙밭이다. 차는 4륜 오프로드용이라 힘은 좋은데 타이어가 헛바퀴를 돌았다. 세상에, 차가 45도 각도로 전진하고, 그러다 다시 뒤로 밀리고…. "어어, 여기는 안 되는데!" 왼쪽 도로 옆 수렁에 바퀴 두 개가 모두 빠져 버렸다. 이제 방법이 있다? 없다? 바퀴 두 개가 땅에 안 닿았다. 다른 차가 꺼내 주기 전에는 방법이 없었다. 그런데 온통 진흙밭 아닌가! 다른 차도 못 들어오지, 비는 잠시 멈췄어도 언제 다시 내릴지 모르는 상황이지…. 푸념이 터졌다. "와~~ 왜 또 이런 일이 생겨?" 정말 〈극한 체험 직업의 세계〉에서나 봤던 오지 산길 체험을 하고 있는 기분이랄까?

그때 선교사님이 무슨 리모컨 같은 걸 차 내부 라인에 연결하더니 나를 보고 누르란다. 이게 뭐냐? 바로 '윈치(winch)'. 차량 견인 줄 장치다. 이런 상황이 여러 번 있었을 것 아닌가. 그래서 얼마 전에 설치를 했단다. 문제는 줄을 걸 나무가 안 보인다는 것. 그래도 찾아본다고 전진 또 전진. 그러더니 반대쪽 계곡 아래 어딘가에 걸고 오신다. 나중에 봤더니 계곡물이 많아질 때 도로가 더 유실되지 말라고 돌덩이를 모아서 강한 철망으로 쌓아 놓은 구조물이 있었던 것이다. (하필 거기에, 딱 좋은 위치에! 이걸 뭐라고 표현해야 할까? 만약 그게 없었으면 윈치도 무용지물인 상황이 아닌가!) 이제 본격 다큐! 엑셀을 밟으면서 견인 줄이 당겨지도록 리모컨을 작동했다. 차가 오른쪽으로 움직였다. 타이어 타는 냄새가 나는데, 얼마나 긴장이 되던지 나도 모르게 외쳤다! "나가라! 나가라! 조금만 더! 조금만 더!" 할렐루야! 그 수렁에서 빠져나왔다.

안전한 도로로 나와 선교관까지 돌아오는 길, 드라마 같았던 기억을 되새김질하는데 지난 내 삶의 몇 장면이 필름처럼 떠올랐다.

'아 그렇구나. 하나님께서 내 인생을 기막힌 웅덩이와 수렁에서 끌어 올리셨구나. 마치 오늘처럼…'

그리고 나지막이 시편 40편을 읊조렸다. "내가 여호와를 기다리고 기다렸더니 귀를 기울이사 나의 부르짖음을 들으셨도다. 나를 기가 막힐 웅덩이와 수렁에서 끌어올리시고 내 발을 반석 위에 두사 내 걸음을 견고하게 하셨도다"(시 40:1-2).

이 책 속의 이야기는 이 작고 연약한 인생을 기막힌 웅덩이와 수렁에서 건지신 하나님을 찬양하는 노래다. 이 노래가 오늘 힘겨운 계곡 앞에서 울부짖는 누군가에게 수렁에 빠져 절망하는 누군가에게 위로가 되고 힘이 되길 간절히 바란다.

Contents
차례

3장 선한친구들 이야기 · 141

1장

**벼랑 끝에서
날기**

전도사 퇴직 무일푼 인생

"문 전도사, 자네 사역은 오늘까지네. 내일 당장 사택에서 나가!"

몸이 갑자기 부들부들 떨렸다. 마치 지렁이가 된 듯한 기분이랄까. 나를 막 짓밟는데, 아무런 힘이 없어서 그냥 막무가내로 당하는 처지…. 비참했다. 교회에서 담임목사의 말은 법이라고들 하지 않던가. 밤 11시가 다 된 시간, 이 시간에 목양실로 불러올리더니 길거리로 그냥 나가라고 일방 통보를 한다.

아내를 쓱 쳐다봤다. 얼굴의 열기가 느껴진다. 충격이 눈에 보였다. 잠시 고개를 숙이고 호흡을 가다듬었다. 분노와 설움을 꾹꾹 눌러 담아 자신이 가진 힘을 한껏 느끼며 위세를 떨고 있는 그를 향해 당차게 이야기했다.

"참 기가 막힌 상황이네요. 이 시간에 불러올려서 방 빼! 나가! 힘없어 보이는 사람들에게는 이렇게 막 대해도 되는 겁니까? 일반적인 사람들 같으면 정말 목매달 일입니다. 어떻게 교회에서 이럽니까?"

눈에 핏발이 올랐다.

"저도 당장 나가고 싶네요. 그런데, 갈 곳이 없어서 내일은 당장 못 나가요. 아시겠어요? 방 구해지면 나갈 테니까 나가라 말라 협박하지 마세요. 자꾸 건드리면 가만 안 있습니다!"

지렁이도 밟으면 꿈틀한다고 하지 않던가. 그렇게 꿈틀거리고 아내의 손을 잡았다. 나를 쳐다보는 아내의 눈가에 이슬이 맺혔다. 정말 알 수 없는 인생의 파도에 밀려 여기까지 흘러온 세월이 주마등처럼 스쳤다.

'어쩌다가 이 지경까지 왔지? 참 꿈이 많았던 인생이었는데…?'

나는 꽤 열심히 살아왔다고 자부했었다. 한밤중에 방 빼라는 통보를 받고 어쩔 줄 몰라 힘겨워하는 전도사 신분은 사실 상상해 보지 않았던 그림이었다. 20대에는 이벤트 기획사 대표로 자립했었고, 30대에는 치열하게 공부해 박사 학위를 받고서 대학의 정교수가 됐다. 불과 1년 전만 해도 문화 재단의 초대 사무국장으로 근무하며 한 도시의 문화·예술 프로젝트를 총괄하지 않았던가. 그런데 40대 중반이 되어 방 한 칸 없이 오갈 데 없는 초라한 인생이 되다니….

나는 두 손을 꼭 움켜쥐었다.

'이것이 어찌 우연이겠는가. 하나님께서 계획하신 일이 있기에 이 기가 막힌 일이 일어나는 거지.'

정말 무일푼 빈손인 인생, 거처도 없을 뿐 아니라 이사할 비용도 없는 처지, 이 가혹한 시간을 하나님께서 허락하셨다면 분명 새로운 길을 여시리라 믿었다. 아니, 믿을 수밖에 없었다. 내게는 어떤 다른 대안도 없었으니 말이다.

지금에 와서 돌이켜 보니 그 황량한 광야가 기쁘고즐거운교회의 시작점이었다. 새로운 복의 출발이었다. 정말이다. 하나님께서는 당신의 계획을 위해 사람을 선택해 사용하실 때 반드시 연단의 과정을 거치게 하신다. 하나님의 나라를 확장시키는 전사를 만들어 내실 때, 불같은 시험을 허락하신다. 혹시 책을 읽고 계시는 분들 중 눈물이 앞을 가리는 기가 막힌 오늘을 만난 분이 계시는가? 힘을 내시길 바란다. 기뻐하라. 축복의 문이 열리는 시작점이 바로 고난을 만난 오늘이다.

하나님께서 그 놀라운 뜻을 이루시기 위해
사람을 훈련시키실 때,

사람을 이해시키고 감동시키실 때,

하나님께서 온 세상이 놀랄 만한

위대하고 대범한 사람을 만드시고자

마음을 다하여 애쓰실 때,

하나님의 방식에 주목하라.

하나님의 방법을 주시하라.

하나님은 존귀하게 선택하신 자를 가혹하게 연단하신다.

그를 맹렬히 치시며 아프게 하신다.

연단받는 자가 괴로움에 울부짖고

두 손 쳐들어 간청하는 동안

하나님은 그를 더욱더 세게 두드려

오직 하나님만이 아시는 모습으로 만들어 가신다.

하나님은 그를 구부러트리시지만, 결코 꺾는 법이 없으시다.

이것이 바로 하나님께서 선택한 자들을 사용하시는 방법이니

하나님은 그에게 많은 뜻을 품게 하시고

모든 행동을 통해 하나님의 광채를 나타내게 하신다.

하나님은 자신이 하고 있는 일을 분명히 알고 계신다!

— 레이몬드 에드만(V. Raymond Edman) 《인생 훈련》 중에서 —

사랑방 신문을 한 장 들고서

거의 뜬 눈으로 날을 새고 말았다. 하기야 당장 길거리로 내쫓길 판국이었으니 고심에 어찌 잠이 오겠는가. 2013년 3월 16일, 토요일. 실제는 봄이었지만 마음은 한겨울 같았던 이른 아침, 거리로 나가 《사랑방》 신문(광주 지역 정보 신문)을 한 장 집어 들었다. 그리고 눈을 감았다.

> '하나님, 이 연약한 종의 상황을 아시지요. 교회에서 나가랍니다. 구질구질하게 매달리기 싫어서 당장이라도 떠나고 싶습니다. 그런데 이사 비용 한 푼 없는 처지가 됐습니다. 하지만 저는 지금까지 제 삶에 역사하신 하나님의 은혜를 기억합니다. 하나님, 이 신문 안에 제가 갈 집이 있겠지요? 그곳으로 인도해 주세요.'

간절한 눈빛으로 월셋집 정보를 훑어보기 시작했다. 수중에 돈은 없었지만, 믿음은 있었다. 아이들 학교 문제로 멀리 벗어날 수는 없어 광산구 지역 몇 곳을 찾아내 밑줄을 그었다.

> "여보세요. 신문 보고 전화했는데요."

골목골목을 돌아 찾아 나선 집은 모두 고만고만했다. 보증금

200~300만 원에, 월세 20~30만 원을 내는 집이라야 형편이 빤하지 않은가. 곰팡이가 올라오는 벽지에서 풍기는 퀴퀴한 냄새가 아니면, 시끄러운 소리에 그대로 노출된 환경···. 그런 집 서너 곳을 보고 나니 마음에 커다란 돌덩어리가 내려앉았다. 차 안에서 다시 눈을 감았다.

'주님, 욕심인가요? 돈 한 푼 없는 놈이 그래도 살만한 집 찾아 나서는 건 사치인가요? 힘이 없습니다. 제발 예비하신 거처를 찾게 해주세요.'

한숨을 길게 내쉬며 다시 신문의 주택 정보를 살펴봤다. 갑자기 눈에 들어오는 2층 주택. "보증금 200, 월세 30, 기름보일러, 즉시 입주, 신가동 공영주차장 입구"

'어라! 신가동이면 지금 사는 곳 바로 건너편인데, 아이들 학교 바로 앞이잖아!'

안내된 연락처로 위치를 정확히 물어 즉시 찾아갔다. 빨간 상가주택. 허름할 거라는 예상과 달리 방 3개에 주방까지 있는 2층 독채. 거기다가 도배·장판 공사까지 마친 깨끗한 집이었다. '이곳이구나!' 하는 확신이 들었다. 문제는 보증금이었다. 200만 원이 없으니 입주가 불가능한 상황 아닌가. 일단 부딪혀 보기로 했다. 집주인에게 전화를 걸었다.

"사장님, 집은 잘 둘러봤습니다. 너무 마음에 들어요. 당장이라도 이
사하고 싶네요. 그런데 부탁드릴 일이 좀 있습니다. 사실은 제가 교회
전도사 신분이거든요. 사회활동을 안 한 지가 한 1년쯤 됐습니다. 이
번에 갑자기 교회 사택에서 나오게 돼서 준비된 목돈이 없습니다. 당
장 보증금 200만 원이 없어요. 두 달만 참아 주시면 안될까요? 제가 5
월 말까지는 해드릴 수 있습니다. 대신 그 두 달 동안은 200만 원에 대
한 이자를 더 드리겠습니다."

짧은 침묵이 흐르고 집주인이 호쾌하게 대답했다.

"그럽시다. 사정이 어려우시니 어쩔 수 없죠. 월세만 밀리지 말고 꼬
박꼬박 부탁합시다."

전화를 끊고 그 자리에 무릎을 꿇었다. 갑자기 압박과 긴장이 풀어지
면서 하염없이 눈물이 흘렀다. 하나님께서는 우리의 장막과 거처를
예비하시는 좋으신 아버지시다.

그는 너희보다 먼저 그 길을 가시며 장막 칠 곳을 찾으시고 밤에는 불로,
낮에는 구름으로 너희가 갈 길을 지시하신 자이시니라(신 1:33)

1학년 1반의 교훈

비용이 마련되어 이사를 하게 되었다.
내 비망록(備忘錄)을 살펴보니 그날의 심정이 이렇게 기록되어 있다.

> 또다시 짐을 꾸린다. 마음이 만신창이가 되었다. 내쫓기고 궁지에 몰려 흔
> 들리는 현실. 아내에게 미안하고 병일과 예람이를 보기에도 염치가 없다.
> 못난 남편과 아빠를 만나 고생고생이 말도 못 하다. 이사 온 지 네 달 만에
> 다시 짐을 꾸릴 줄이야. 참 상상도 하지 못했던 일이다. … 마음이 우울해
> 진다. 무너지면 안 돼. 이겨 내야 해. 슬퍼하지 마. 이마저도 훗날 간증거리
> 가 될 테니….
>
> — 2013년 3월 29일(금) AM 10:00, 사택 앞. 승용차 안에서 —

글이 가져다주는 힘이 있다고들 하지 않던가. 정말 10여 년 전 그 기
록대로, 이제 와 보니 그 힘들었던 시간이 다 간증거리가 되었다.

살아남아야 했다. 아내는 아르바이트 일자리를 구했다. 새벽 5시부터
일하는 떡집. 매일 새벽 아내를 가게에 데려다주고 오는 길, 내 가슴

한구석은 늘 시리고 아팠다. 아내가 팔 걷어붙이고 발버둥을 치는데 나라고 어떻게 가만히 있겠는가. 나도 체면이고 뭐고 할 수 있는 모든 일을 찾기 시작했다.

그러다 우연히 시작한 일이 방과후학교 레슨. 초등학교와 중학교에서 기타와 밴드부를 맡아 지도하게 되었다. 통기타를 둘러매고 찾아간 첫날, 초등학교 교실에서 나는 하나님의 마음을 만났다. 통기타반 수업에 배정된 교실은 1학년 1반. 의자도 작고 책상도 작았다. 무엇보다 1학년 1반 반 표찰이 내 눈에 선명하게 들어왔다. 아직 학생들이 오지 않아 아무도 없는 교실 작은 의자에 앉아 눈을 감았다.

"경주야, 오늘부터 다시 시작하거라. 1학년 1반, 새롭게 배움을 시작하는 아이들처럼 너도 다시 시작해. 지금까지 네가 걸어왔던 길을 모두 잊거라. 나와 함께 새로운 인생을 그리자."

이사야를 통해 위로하신 약속의 말씀이 내 가슴에 메아리쳤다.

두려워하지 말라 내가 너와 함께함이라 놀라지 말라 나는 네 하나님이 됨이라 내가 너를 굳세게 하리라 참으로 너를 도와주리라 참으로 나의 의로운 오른손으로 너를 붙들리라(사 41:10)

이제 당신이 말씀을 전해 주세요

주일이 되면 새로운 고민에 빠졌다. '오늘은 어디로 예배를 드리러 가지?' 우리 가족은 규모가 있는 대형 교회를 찾아 거기서 2~3주간 예배를 드렸다. 찬양도 뜨겁고, 설교도 좋고, 시스템도 훌륭했지만, 왠지 불편한 심정, 가시방석 같은 느낌이랄까? 한 달쯤 지나 아내가 말했다.

"이번 주는 가까운 곳에 한 번 가 볼까?"

"그래, 그것도 좋지!"

아파트 단지 앞쪽에 자리 잡은 아담한 교회를 찾았다. 50명 정도 예배드리는 교회. 그날의 예배는 정말 버티기(?) 힘들 만큼 집중하기가 어려웠다. 성도들이 듣는지 안 듣는지 아랑곳하지 않고 혼자만의 화법으로 설교하는 목사님의 모습을 보며 은근히 화(?)가 치밀기도 했다.

예배를 마치고 나오는 발걸음이 무거웠다. 예배를 드리고 나면 감격 속에 잠겨 은혜가 충만해야 하건만, 여기저기 떠돌며 예배드리는 방랑자

교인 신세라니! 아내를 힐끔 쳐다보니 아내 역시 표정이 어둡다. 교회 입구를 나서서 얼마 지나지 않아 갑자기 아내가 나를 불러 세웠다.

"여보!"

"왜?"

아내의 눈빛이 남달랐다. 뭔가 결심한 듯한 얼굴이었다.

"이제 돌아다니면서 예배 그만 드리자. 당신 전도사잖아. 신대원 다니니까 설교할 수 있잖아. 우리 가족 영혼을 위해서라도 당신이 설교해 줘. 다음 주부터 집에서 예배드리게."

아직도 그때의 아내 모습이 눈에 선하다. 그 목소리가 지금도 들리는 듯하다. 나는 흐드러지게 꽃이 핀 4월의 벚나무 아래에서 하나님의 음성을 들었다. 아내를 통해 말씀하시는 추상같은 명령을 들었다. 거부할 수 없었다. 입술을 지그시 깨물었다.

"그래! 여보, 그러자! 우리 다음 주부터 거실에서 예배드리자. 우리 가족끼리 예배드리는 거지 뭐. 내가 잘 준비해 볼게!"

세상에 대여섯 명 앉으면 꽉 차는 가정집 거실에서 개척을 하게 될 줄이야. 꿈에도 생각해 본 적 없는 항해가 갑자기 시작되었다.

징 소리가 들리면 기도하라

거실에 놓인 좌식 테이블이 강단이 됐다. 안방 문에 손바닥 두 뼘 크기 십자가를 달았다. PPT 화면을 볼 수 있도록 더블 모니터도 설치했다. 2013년 4월 21일 주일, 아내와 아들, 딸아이, 그리고 딸 친구 둘까지, 여섯 명이 모였다.

> "예배에 함께 한 여러분을 환영합니다. 지금부터 비전 채플 첫 예배
> 를 하나님께 올리겠습니다. 기쁨으로 찬양합시다!"

통기타 한 대뿐이었지만 밴드나 오케스트라가 부럽지 않았다. 이 작은 공동체 예배의 첫 시간을 열어 주신 그 은혜가 밀려와 감격스러웠다. 온 마음을 다 해 찬양했다.

> "나는 하나님을 예배하는 예배자입니다. 내가 서 있는 곳 어디서나

하나님을 예배합니다. 내 영혼 거룩한 은혜를 향하여 내 마음 완전한 하나님 향하여 이곳에서 바로 이 시간 하나님을 예배합니다. ♪"

냄새나는 마구간, 누추한 곳에 오셨던 주님 아니신가? 초라하고, 작고 작은 이 예배의 자리를 분명 주님께서 주목하신다고 생각하니 눈물이 흘러내렸다.

두세 사람이 내 이름으로 모인 곳에는 나도 그들 중에 있느니라(마 18:20)

비전 채플 주일 예배

예배 처소가 된 곳은 바로 우리 집. 사랑방 신문을 뒤지고 뒤져 찾아낸 그 집. 별로 달라 보일 것 없어 보이는 그 예배 공간은 사실 무척 특별한(?) 공간이었다. 왜? 우리 집 아래층에 점집이 자리하고 있었기 때문이다. 아직도 이름이 생생하다. '목련정사'. 문이 빼꼼하게 열려 있을 때 스치듯 본 내부는 그야말로 우상 소굴 단지였다. 신당이 차려져 있고 온갖 해괴망측한 그림과 장식들이 들어차 있는 곳…. 생각해 보시라. 우리가 예배드리는 거실 바로 아래에 신당이 차려져 있었다.

가끔 마주치는 점집 보살의 모습은 딱 봐도 잡신의 기운이 묻어났다. 회색빛 개량 한복에 쪽머리, 약간 탁해 보이는 눈빛까지…. 이 양반, 가만 보니 슬렁슬렁 점집 하는 초짜는 아닌듯했다. 그도 그럴 것이 매일 이른 아침이면 치성을 드리는지 신호가 잡혔다. 그 사인은 바로 징 소리! 한 시간 이상은 일정한 리듬이 계속됐다.

"징징징징~지잉! 지잉~징징 징징징!"

그럴 때 할 수 있는 일이 무엇이겠는가? 제자들이 예수님께 묻는다. "우리는 왜 귀신을 쫓아내지 못했습니까?" 주님께서 대답하신다.

기도 외에 다른 것으로는 이런 종류가 나갈 수 없느니라(막 9:29)

징 소리가 들리면 나는 곧바로 찬양을 틀어놓고 무릎을 꿇었다. 두 손을 높이 들었다. 영적 전쟁이었다.

'주님, 귀신들이 득시글거리는 신당 위 2층이 저희의 예배 처소가 되었습니다. 오직 기도하는 교회가 되라고 이런 환경을 주셨지요? 이곳이 어둠의 세력을 끊어 버리고 주의 크신 권능을 선포하는 벧엘의 터가 되게 해 주세요.'

징 소리가 들리면 기도했다. 주일이면 점집에 가득한 어둠을 누르며 찬양하고 예배했다. 이 기가 막힌 환경이 '기쁘고즐거운교회'와 '선한친구들'의 시작점이었다.

문 박사, 내가 도와줄게

2013년 여름은 참 더웠다. 햇볕을 바로 받는 2층 주택의 열기를 상상해 보시라. 가만히 있어도 땀이 줄줄 흐르는 한증막. 그런데 거기서 우리는 에어컨 없이 지냈다. 그땐 그랬다. 몇십만 원 하는 에어컨을 들여놓기가 어려운 지경. 지금 생각해 봐도 참 애잔하기만 하다. 그런 형편이었으니 가장이자 목회자인 내 자존감이 어땠겠는가? 바닥에 내려앉아 있었다. 대외적인 활동도 적극적이지 못한 채로 말이다. 당시 신대원 5학기 차였다. 등록금을 낼 수 없는 상황이라 중도에 포기하려고 했었다. 그런데 학과장님이신 신영순 교수님께서 나를 살리셨다. 학교에 직접 연락을 취하신 것이다.

"문 전도사 같은 사람 공부 안 시키면 누굴 시킵니까? 참 열심히 했잖아요. 지금 형편이 갑자기 어려워진 건데, 학교에서 배려해 주시면 분명히 공부 마치고 좋은 목회자 될 거예요. 학교에서 좀 도와주세요."

교학처장님께 전화가 왔다.

"지금 할 수 있는 형편대로 납부하고 공부해요. 부담 갖지 말고…"

학교의 넓은 배려. 그렇게 은혜를 입었다.

7월 말, 무더위의 절정, 은혜를 입은 분들에게 감사의 인사라도 전해야 한다는 책임감(?)에 나 홀로 기차 여행을 떠났다. '내일로 티켓'이던가? 한 장을 사면 고속 열차를 제외한 기차를 타고 일주일 동안 전국 어디든 갈 수 있는 여행 티켓이 있었다. 주머니 가벼운 내게는 참 고마운 상품이었다. 서울 본교에 들려 인사를 하고, 부산에 계신 학과장님을 찾아 인사를 드렸다. 그리고 그 길로 경주에 있는 박사 과정 대학원 동기인 B 형님을 만나러 길을 나섰다. 참 절친했던 사이다.

경주에서 내로라하는 병원 이사장으로 있는 그의 모습은 여전히 당당했다. 오랜만에 찾아온 동생을 대접한다고 고깃집에 데리고 가서 마주 앉았다. 몇 년 못 본 세월 동안의 이야기에 시간 가는 줄 몰랐다. 그 와중에 신학을 하고 있고 가정에서 예배를 드리고 있다는 내가 사는 오늘을 담담히 전했다. 그런데 그때, 형님의 눈이 반짝였다.

"오, 잘됐네. 내가 봐도 적성에 딱 맞다. 넌 잘할 거야. 교회를 한다 이 말이지. 지금은 집에서 예배드린다고?"

"예, 가족끼리 드려요. 공간이 있으면 좋겠는데, 뭐 지금은 형편이 좀 그래서…"

내 말꼬리가 흐려졌다. 그 틈을 놓치지 않고 그가 센 어조로 말했다.

"내가 도와줄게. 문 박사 교회 하면 내가 돕는다! 걱정 마라!"

그 말을 듣고 얼마나 놀랐는지 가슴이 쉴 새 없이 두방망이질했다. 교회를 다니지도 않는 사람의 입술을 통해 하나님께서 이야기하고 계셨다.

"너, 왜 가만히 있어? 왜 그리 믿음이 없어? 움직여야지!"

어! 완전히 교회 건물인데!

지역 정보지를 찾고 또 찾았다. '어디 있을까? 예배를 드릴 수 있는 공간이….' 이곳저곳 매물을 둘러보며 희망을 키웠다. B 형님이 있지 않은가? 보증금 몇천만 원 정도는 쉽게 지원해 줄 수 있는 분이 든든하게 버티고 있다는 생각에 미소가 떠나질 않았다. 그러던 9월 어느 날, 신문에서 공간에 비해 무척 저렴하게 보이는 매물을 발견했다. 3층 건물 전체를 쓰는데도 불구하고 보증금 2,000만 원에 월세 60만 원.

'이게 뭐야? 이런 조건의 건물이 있다니, 전체 평수로 따지면 80평을 쓸 수 있잖아!'

당장 전화를 했다.

"안녕하세요. 매물 보고 전화드렸는데요."

"뭐 하시게요?"

"네, 교회 하려고요. 예배 처소를 찾고 있어요."

"그런데 건물이 아파트 단지 완전 뒤편이라 사람 왕래가 거의 없어요. 건물 앞쪽은 시골 마을이고, 교회 하시려면 사람들이 북적이는 곳이어야 할 텐데…"

건물주 사모님은 친절(?)하게 매물의 단점만 부각시켰다.

"그래도 한번 보고 결정해야죠. 지금 가면 볼 수 있나요?"

"네."

비가 추적추적 내리던 이른 아침, 적벽돌로 곱게 옷을 입은 운명 같은 건물을 만났다. 보자마자 내 입술에서 터져 나온 말.

"어! 이거 완전히 교회 건물인데!"

튀어나온 계단참 위 옥상에 십자가만 하나 걸면 딱 교회당이 되는 건물 모양새였다. 실내를 둘러보는데 바로 그림이 그려졌다.

'1층은 문화 교실로 제격이고, 2층은 예배실, 3층 옥탑방은 사택으로 쓰면 되겠어.'

머릿속 상상만으로도 행복이 밀려들었다. 먼지가 뒤덮인 맨바닥이었지만 그 자리에서 무릎을 꿇었다.

"주님, 여기죠? 감사합니다. 이 좋은 건물을 만나게 해 주시다니…. 이곳에 교회가 세워지게 해 주세요. 이곳에서 새로운 희망을 그려 갈 수 있게 해 주세요. 손에 가진 건 아무것도 없습니다. 그러나 저는 믿어요. 지금까지의 제 삶, 수많은 기적을 봤습니다. 무모하게 보이는 이 도전이 빛나는 열매를 맺을 수 있게 인도해 주세요."

두 손을 꽉 움켜잡았다. 손 등의 핏줄이 터져 버릴 듯 부풀 때까지…. 정말 제로 상태였다. 계약금을 걸 돈도 없었다. 교회 내부를 채울 어떤 비품도 재원도 없었다. 그저 한 선배가 도와주겠다는 입술의 약속 하나, 그리고 눈으로 볼 수 없는 하나님을 향한 믿음 한 조각이 있을 뿐이었다.

그런데 그대 아시는가? 믿음의 힘은 참으로 놀랍다는 사실을. 분명히 없는 것 같고 보이지 않지만 실존한다. 하나님께서 주신 믿음이 씨앗이 되어 심기면, 훗날 반드시 열매가 자란다. 믿음은 힘이 세다.

믿음은 바라는 것들의 실상이요 보이지 않는 것들의 증거니(히 11:1)

벼랑 끝에 서다

계약일 하루 전 교육청 프로그램을 대행한 수익금이 극적으로 입금
됐다. 그 200만 원으로 도장을 찍었다. 걱정은 없었다. B 형님이 계셨
으니까…. 살고 있는 집도 이사 날짜를 잡았다. 물론 새로 들어올 사
람도 정해졌고. 나는 일을 추진하면서 B 형님에게 간간이 소식을 전
했다. 전화도 하고, 문자도 날리고…. 그런데 좀 반응이 시원찮았다.
그래도 굳게 믿었다.

"형님에게 보증금 2,000만 원 정도야 뭐 아무것도 아니지. 설마 그렇
게 약속하고 이제 와서 딴 말씀하시겠어?"

더군다나 보증금을 그냥 달라는 이야기가 아니었다. 계약도 형님 명
의로 하고 나중에 교회의 여력이 생기면 갚은 다음 명의를 전환하려
고 했다. 만일 교회가 힘이 없으면 그 보증금이야 본인 앞으로 되어
있는 것이니 반환해 가면 될 일이다. 말 그대로 입당만 하게 해 달라

는 부탁이었다. 그런데 그는 마음이 정말 변해 있었다. 확답하지 않고 차일피일 대화를 미루는데 애간장이 타들어 갔다.

광주에 일을 보러 온 그와 한 호텔 커피숍에서 마주 앉았다.

"형님, 돈을 달라는 이야기가 아닙니다. 입당만 하게 해 주시면 돼요. 형님 명의로 계약하니 그 돈은 저와 상관없는 돈입니다. 월세 60만 원, 밀리지 않고 갚을 수 있어요. 저도 이제 사회활동도 하잖아요. 벌어서 갚겠습니다. 제발 기회를 주세요. 19일에 이사 날짜도 잡았어요. 이제 뒤로 물러설 수도 없습니다. 형님…"

"아, 글쎄… 돈이라는 게 말이야. 음… 참 어렵다 어려워…"

연신 이야기를 회피하던 그는 결국 도망치듯 자리에서 일어났다. 마지막 말….

"미안타!"

완전히 벼랑 끝에 내몰린 기분이 들었다. 어떻게 한 달 반 안에 잔금 1,800만 원을 마련한단 말인가?

'이젠 살고 있던 집에서도 나와, 무조건 건물로 들어와야 하는데….
3층 건물은 또 무슨 수로 리모델링을 하지?'

깊은 한숨이 터져 내 시름을 타고 흘렀다. 그 어두운 시간, 두려움이
나를 집어삼키려고 움직일 때, 언젠가 특송을 드렸던 찬양이 불현듯
머릿속을 맴돌기 시작했다. 나는 나지막이 찬양의 가사를 새김질하
며 읊조렸다.

더 이상 물러설 땅이 없다고 더 이상 내디딜 곳이 내겐 없다고

나를 밀으시는 주님의 강한 손은 이미 나를 절벽에 세웠다고

내 기도 메아리쳐 돌아오고 그 작은 바람만 불면 떨어질 그때쯤

주님 내 마음에 주시는 강한 음성 좁은 땅 위에서 날아오르라고

너는 날을 수 있다고 저 하늘 그 위로 나와 함께 날아가자고

아무런 두렴 없이 해지는 바다를 향해 날아가는 너를 보고 싶다고

때론 모진 바람으로 너의 이 비행이 순탄하지가 않다 해도

추락을 두려워 말고 너의 절벽 끝에 서서 당당히 날아오르라고

– 시와 그림, 〈바람 속의 음성〉 중 –

포기하지 않기, 할 수 있는 일을 하기

제이슨 므라즈(Jason Mraz)라는 사람이 이런 말을 했단다. "나는 절대 포기하지 않아. 아무리 날씨가 좋지 않더라도 말이지." 멋진 말이다. 나는 지금도 삶에서 만나는 풀기 힘든 숙제를 대할 때 이 공식을 대입한다. 시도하지도 않고 지레 겁을 먹고 포기하면 또 다른 문제 앞에서도 마찬가지다. 결국 그런 인생은 비전을 기대할 수 없다.

당시를 생각해 보면 내 인생의 날씨는 너무 궂었다. 천둥이 치고 비가 내리는데 우산도 없는 꼴이었다. 처량하게 비를 맞으면 날마다 부정적인 생각이 밀려들었다. 보증금을 마련할 방법은 없고, 도와준다는 지인은 10원 한 장 보태 줄 수 없다고 매몰차게 돌아섰다. 3층이나 되는 공간을 어떻게 리모델링하고, 집기를 무슨 수로 채운단 말인가? 막다른 골목이 분명했다. 그런 때 선택은 두 가지다. 포기하거나, 아니면 '지금 할 수 있는 일을 곧바로 실행하기'

너무 가벼운 내 통장, 잔액을 확인했다. 몇십만 원 정도 아슬아슬하게 걸려 있었다. 이 돈으로 할 수 있는 일이 뭘까?

'맞아! 페인트칠을 하면 되겠네!'

곧장 동네 페인트 가게로 달려갔다. 밝은 베이지 톤을 선택해 조색을 부탁했다. 10월 3일, 개천절이었던 그날에 페인트 용사(?)들이 모였다. 아내와 초등학교 6학년이던 딸 예람이, 딸 친구 하윤이와 희선이까지….

넓은 벽에 열심히 롤러를 굴렸다. 다른 재질과 겹치는 부분은 조심스레 붓질을 했다. 하루 만에 예배실로 사용할 2층이 환해졌다.

"와! 정말 색깔 예쁘다."

우리는 모두 변신한 공간을 보며 밝게 웃었다. 우리 마음에도 밝은 베이지 톤 페인트가 칠해졌나 보다. 그날 다시 깨달았다. 포기하지 않고 할 수 있는 일을 하면, 작은 한 걸음이라도 내디디면, 마음의 색깔이 바뀐다는 사실. 그리고 어두운 삶의 조건을 잊게 만드는 용기라는 무기가 손에 쥐어진다는 사실 말이다.

개척 장소 페인팅 첫날

EPL 맨체스터 유나이티드의 퍼거슨(Alexander Ferguson) 감독이 한 말이다.

"포기하지 않는 것도 실력입니다."

그렇다. 포기하지 않음이 인생 실력이다. 무서워서 도망가지 않는 것이 실력이다. 겁먹고 자포자기 하지 않는 것이 실력이다. 골리앗 같은 두려운 적(敵)이 있을지라도, 그대 포기하지 마시길 바란다. 포기하지 않음이 적을 이기는 물맷돌이 된다.

이틀 뒤였다. 토요일 아침부터 아내와 나는 또다시 페인트 통을 친구 삼았다. 이번에는 1층이다. 벽 하단 아트보드, 우중충한 회색 위에 연그린색을 덮었더니 초록빛으로 변했다. 희망의 새싹이 자라는 기분이었다. 얼마나 시간이 지났을까, 이마에 땀이 송골송골 맺힐 때 갑자기 두런두런 이야기 소리가 들렸다.

"아, 공간 참 좋다. 넓네!"

장인어른 목소리다.

"어머, 제부 혼자 페인트칠하고 계셨어요?"

Y교회에 출석하시던 둘째 처형 고수연 집사님이 반갑게 인사했다.

"아휴~ 얼굴이 말이 아니시네! 어떡해요? 도와주는 사람도 없고…"

처형은 연신 안쓰러워하는 표정이었다. 내부를 둘러보시던 장인어른은 인테리어 계획을 물으셨다. 나름의 머릿속 계획을 말씀드렸다. 그러다 바닥 이야기가 나왔다.

"바닥은 전기 패널로 시공할까 해요. 교회 근처에 바닥 공사 회사가 있어서 물어봤더니 한 층당 한 200만 원 정도 들어가네요. 1층 2층 다 하려면 한 400정도…"

바로 그 순간이었다. 내 말을 끊더니 처형이 조금 급한 목소리로 말했다.

"제가 한 층 바닥 할게요! 다는 못하더라도 한 층은 제가 하나님께 드릴게요."

전혀 예상하지 못했던 이야기였다. 갑자기 눈시울이 붉어졌다. 그 헌금이 기쁘고즐거운교회의 첫 헌금이 됐다. 포기하지 않고 할 수 있는 일을 한다며 붓을 들었더니 하나님께서도 붓을 드셨다. 그 붓으로 기

쓰고 즐거운 교회의 아름다운 그림을 그리기 시작하셨다.

주께 피하는 자를 위하여 인생 앞에 베푸신 은혜가 어찌 그리 큰지요
(시 31:19)

슈렉이 되다

막내처남이 들려 컴프레서와 페인트용 에어 스프레이건을 건네주었다.

"매형, 언제 손으로 다 칠하고 있어요. 에어로 뿜칠해 버리면, 빠르고 나중에 면도 고르게 나와요."

처음 알았다. 이런 일을 해 본 적이 없었으니…. 마침 계단을 칠하려던 찰나, 고민이 컸는데 잘됐다 싶었다.

"그래, 까짓거 도전해 보자. 어떻게든 되겠지."

페인트 가게에서 마스킹 테이프를 사다가 칠이 묻으면 안 되는 곳을 전부 커버했다. 물론 혼자서···. 에어 스프레이건 통에 페인트를 적당량 부었다. 컴프레서 가동! 한참 웅웅거리며 돌다 에어가 찼는지 딱 멈춘다. 약간의 정적이 흐르고 심호흡 한 번. 에어 스프레이건 손잡이를 당차게 잡아당겼다. "촤악~~!!"세상에, 페인팅 입자가 정말 고왔다.

"와아~! 이렇게 하는 거였어? 이거 재미있는데!"

하다 보니 재미가 붙었다. 뿌리고 또 뿌리고···. 얼마나 시간이 지났을까?

"아이고, 벌써 새벽 1시가 넘었네?"

시간을 보고 나니 갑자기 피로가 몰려들었다. 여덟 시간 정도 쉼 없이 작업을 했나 보다. 씻으려고 세면대 앞에 섰는데 거울 속 내 모습을 보고 깜짝 놀랐다. 얼굴이며 머리며 온통 연그린 색 페인트가 내려앉았다. 나도 모르게 터지는 말.

"뭐야, 이거 완전 슈렉인데!"

딱 영화 〈슈렉〉의 주인공이다. 꾀죄죄해 보이는 작업복이며, 피로에 찌들어 벌겋게 충혈된 눈까지, 참 몰골이 말이 아니었다. 그런데 참 이상했다. 인간적인 눈으로 보면 초라하기 그지없는 그 모습이 내 눈에는 멋지게 보였다.

홀로 페인팅 작업을 마친 후 셀카

'그래, 경주야! 괜찮아. 너 희망 있다. 과거의 네 모습은 다 잊자. 오늘 네가 할 수 있는 발걸음을 옮기는 거, 참 멋있다!'

그 순간을 기억하고 싶었다. 핸드폰을 꺼내 '찰칵!' 휴대폰 셀카에 그 초라하고 멋진 나를 담았다.

쓸쓸한 듯이 과거를 보지 말라. 그것은 두 번 다시 돌아오지 않으므로, 주저하지 말고 현재를 개선하라. 그림자 같은 미래를 향해 나아가라. 두려워하지 말고 씩씩하게 용기를 갖고 나아가라.

― 헨리 워즈워스 롱펠로(Henry Wadsworth Longfellow) ―

개척을 있는 그대로 알리기

그 새벽녘, 페인트가 잔뜩 묻은 사진 한 장이 전환점이 될 줄 누가 알았을까? 나는 그 사진을 SNS에 올리면서 본격적인 개척 상황을 알리기 시작했다. 망가진 모습을 당당히 공개했다. 그 사진은 그야말로 용기였다. 새로운 길을 시작했다고 알리는 깃발이었다. 무너져 있는 삶에서 다시 도전하는 인생의 첫 발자국이었다. 있는 그대로 소식을 전했다. 페이스북, 카카오스토리, 밴드는 물론이고 가입된 인터넷 카페 게시판까지, 소통할 수 있는 루트는 죄다 활용했다.

소통은 참 중요하다. 이 세상은 결코 혼자서 살아갈 수 없다. 더불어 산다. 사람 인(人)자도 서로 기대어 살라는 모양이지 않은가? 내가 만났던 현실의 어려움을 가감 없이 전하며 도움을 구했다. 당시 모교인 ICS 인터넷 카페 게시판에 올렸던 글을 소개한다.

사랑하는 국제사이버신학대학원 원우 여러분. 목회음악학과 문경주 전도사입니다. 여러분은 기적을 믿으십니까? 웬 뜬금없는 소리냐고 의아해할 것이 분명하지만, 해답은 잠시 후로 미루고 요즈음 제가 살아가는 이야기를 잠시 들려드리려 합니다.

저는 열흘 전 동림동(광주)으로 이사를 했습니다. 넓은 아파트냐고요? 아닙니다! 그럼 정원이 있는 예쁜 주택이냐고요? 물론 아닙니다! 그럼~~~ 정답은 짜잔~! 옥.탑.방!!

뭐 단칸방은 아니지만, 3층에 방 2개 있는 12평 조립식 주택으로 이사를 했답니다. 여기까지 들으면 좀 짠하지요? 하지만 너무 놀라지는 마세요. 그곳은 목회자가 쓸 사택. 저희 네 식구가 살아갈 집이랍니다. 제 방이 없어 부득이하게 2층의 예배실 옆 '목회연구실'을 '방'으로, '연구 공간'으로 겸용하기로 했습니다.

여기까지 들으니 무언가 감이 오시지요? 맞습니다. 지난 1년간 하나님께서 충격(?)적인 경험을 세 차례나 하게 하시더니 이제는 "교회를 개척하라"라고 인도하십니다. 허락하신 3층의 아담한 건물 전 층을 임차해 본격적인 담임 목회를 시작하게 되었습니다. 집 거실에서 개척해 가정예배 중심으로 예배를 드린 지 벌써 반년. 상상지도 못했던 좋은 건물을 주시고 "새길을 걸어가라" 명령하십니다.

요즈음은 리모델링을 진행하고 있습니다. 공사를 맡겼냐고요? 당연한 대답, "아니~아니~아니요~~!" ^^ 아내와 저, 아이들까지 페인트칠하고, 도배하고, 바닥 뜯고, 어지간한 일은 다 스스로 해결하고 있습니다. 며칠 전에는 제가 장판까지 깔았다는 놀라운 사실! 또 일주일에 걸쳐 건물 3층 내부 전체를 페인팅하는데… 와우~! 용서하고 들으십시오. 사람이 맛(?)이 가더군요. 페인트 많이 마셨습니다. ^^ㅎㅎㅎ 그래도 기쁩니다. 해냈다는 사실이…. 건물이 엄청 깔끔해졌어요.

지난주 월요일부터는 아직 시멘트 바닥 그대로인 예배실에서 '교회 개척을 위한 매일 기도회'를 진행하고 있습니다. 정말 은혜지요. 눈물, 콧물 범벅이에요. 원우님들도 감이 오시지요? '험난하지만 목회자로 불러 주신 하나님 은혜' 때문에 '감격의 기도회'를 하고 있습니다. '가난하지만, 사랑이 넘치는 가족'을 만드시고, 하나 되어 무릎을 꿇을 수 있다는 사실이 감사하기만 합니다.

벽돌을 구입해 주세요

나는 단순히 현 상황만 전한 것만 아니라 새롭게 개척되는 공간의 활용 계획 비전도 나눴다.

교회 1층은 '문화예술 교육 공간'이 자리 잡게 되는데요. 거기서 '소외 계층 아동·청소년'을 위한 예술 교육, 세미나는 물론 지역 사회와 함께하는 다양한 문화 프로젝트를 이루어 가려고 합니다. 또 '작은 도서관'도 꾸미서, 책 보고 힐링할 수 있도록 예쁜 공간을 만들려고 해요. 물론 한쪽에는 커피 한잔하면서 담소를 나눌 수 있는 '미니 카페'도 들어섭니다. 생각만으로도 얼굴에 미소가 퍼지네요.

2층은 '예배실'입니다. 하지만 고전적인 '강대상'은 없습니다. 딱딱한 옛날 교회는 가라! 그럼 어디서 설교를 하냐고요? 작은 강단을 중앙이 아니라 사이드에 배치하려고요. 중앙에는 150인치 스크린이 자리 잡게 됩니다. 예배 공간으로 사용되지 않을 때는 '강의장'으로 사용함은 물론, '주민 영화제'와 같은 문화예술 프로그램을 접목하려고 합니다. 지역을 향해 열린 교회, 더불어 성장하는 교회를 지향합니다.

다음에 나올 이야기는 뭘까? 나는 교회의 비전을 소개한 다음, 두 가지 방법으로 개척 과정에 후원해 줄 것을 공식적으로 요청했다.

1. '벽돌'을 구입해 주십시오.

교회 건물은 원래 태권도장으로 사용된 건물입니다. 그런데 보시는 분마다 "교회네! 교회야"라고 말씀하실 정도로 성스러운 분위기가 가득한 빨간 벽돌 건물입니다. 십자가만 옥상에 올리면 누가 봐도 교회로 지어진 건물입니다. 은혜지요. 건물을 놓고 묵상하며 기도하다가 '벽돌 프로젝트'를 생각하게 되었습니다. 사실은 이달 말일(모레)이 중도금 약정일이고 다음 달 16일이 잔금을 치르는 날입니다. 백방으로 뛰며 열심을 내고 있지만, 구구절절 말씀드리지 않아도 힘에 부치는 상황이 이해되시지요? 교회를 세워 가는 데 필요한 '벽돌'을 구입해 주십시오. 물론 '영적인 벽돌'입니다. '벽돌 한 장 구입비'는 5만 원으로 정했습니다. 그 벽돌이 쌓여 이 어려운 상황을 타개할 수 있을 것입니다. 이 글을 읽으시는 원우 여러분께서 한 장씩만 구입·후원해 주셔도 큰 힘이 될 것입니다. 감히 요청합니다. 힘을 모아 주십시오.

2. "아나바다"운동을 제안합니다.

교회에 필요한 물품이 정말 많습니다. 먼저 설명했던 1층의 교육 공간과 2층 예배실에 사용될 물품에 대한 후원을 부탁드립니다. '새 제품'말고 집이나 사무실에서 사용하던 중고 제품 중 나누어 줘도 될 만한 것들을 선별해 후원해 달라는 말입니다. 뭐가 있을까요? 작은 도서관을 위한 책도 좋습니다. 사무실에 놓은 책상과 책장도, 책꽂이도 좋습니다. 카페에 둘 커피잔 세트나 작은 커피 머신이 있으면 환상이겠지요. 전자 제품은 대환영입니다. ^^ '선풍기', '에어컨', '히터' 다 받습니다~! ㅎㅎ 아이들이 웹서핑을 할 수 있는 중고 컴퓨터가 있다면 더할 나위 없이 행복할 것 같습니다. 사실 일일이 열거할 필요도 없을 듯합니다. 고민해 보시면 "내가 가지고 있는 OO이 기쁘고즐거운교회 OO에 필요하겠구나"라고 해답이 나올 것 같습니다.

소통의 핵심은 스토리다. 사람의 마음을 움직이는 것은 스토리다. 무작정 후원을 요청한다고 손을 펴는 시대가 아니다. 나는 교회 개척의 과거와 현재 그리고 미래를 담아 스토리를 전했다. 한 번으로 멈추지 않았다. 지속적으로 전했다. 하나의 스토리는 확장된 또 다른 스토리로 이어지기 시작했다. 신나는 일들이 나를 기다리고 있었다.

채워 주시는 하나님

초등학교 동창들이 모인 네이버 밴드에도 소식을 전했다. 친구 지연이가 연락을 주었다.

"경주야, 1톤 트럭 하나 대라. 이번에 이사하면서 물품을 정리하는데 뭐가 많이 나오네. 고급진 유리장도 있고 하이파이 오디오 세트도 있어. 테이블도 있고 의자도 있고…. 아무튼 많아. 1톤은 대야 다 싣겠다. 와라!"

유리장은 마치 자로 잰 것처럼 빈틈없이 1층 사무 공간 한쪽에 자리 잡았다. 테이블과 의자도 문화 센터로 활용할 공간에 그야말로 맞춤이었다.

어느 날, 교회 건물 옆 어린이집 심의춘 이사님이 인사를 하셨다.

"전도사님, 뭐 필요한 거 없으세요? 저 이래 봬도 목재사에서 18년이나 근무했던 베테랑입니다. 비용 걱정 마시고요. 재료비만 있으면 시공해 드릴게요."

마침 고민이었던 강단 전면 디자인이 떠올랐다.

"강단을 좀 꾸며야겠는데 방법을 잘 모르겠어요. 도와주실래요?"

"그럼요. 좋지요."

다음 날 이사님은 인테리어를 현업으로 한다는 후배까지 한 명 불러서 뚝딱뚝딱 강단 아치를 만들어 주셨다.

"목사님, 재료비 19만 원 들었습니다."

세상에 정말 순수하게 재료비만 받으시고 무료 봉사를 해 주셨다. 지금은 장로님이 되신 심의춘 이사님은 이후로도 든든한 조력자가 되어 주셨다.

강단 아치를 바라보며 흐뭇하게 있는데 아내가 처형이 연락했었다며 소식을 전했다. 아파트 거실에 사용했던 커튼이 있는데 비싸게 제작해서 딱 한 번 걸었단다. 그런데 막상 걸어 보니 전혀 어울리지 않아서 그냥 서랍에 넣어 뒀단다.

"한번 가져와 보시라고 해."

'이번에는 또 뭐지?' 하는 기분 좋은 예감! 가져온 커튼을 보고 먼저는 재질과 색감에 놀랐다. 자줏빛 비로드, 완전히 교회 커튼이다.

"아니, 이런 재질과 색깔을 어떻게 아파트 거실에 하라고 권했데요?"

"그러니까요. 제가 딱 한 번 걸어보고, 그냥 속상해서 접어 뒀다니까
요"

커튼을 걸어 보면서는 더 깜짝 놀랐다. 강단 아치 중간이 5미터가 좀
넘게 나오는데, 정말 거짓말 하나도 안 보태고 사이즈가 딱 떨어졌다.

"아니, 어떻게 이럴 수가 있지. 와! 정말 놀라서 말도 잘 안 나온다. 완
전히 깔맞춤이야!"

나도 웃고, 아내도 웃고, 처형도 웃었다. 그런데 그때, 왜 이리도 눈물
이 나던지….

절친한 아우 백종배 집사가 개척 현장을 찾았다.

"형님, 뭐 필요한 거 없어요?"

"필요한 거 많지. 다 받아. 하하!"

기분 좋게 웃는데, 웃음소리가 끝나기도 전에 아우가 말했다.

"아, 맞다! 아내가 치던 피아노가 있어요. 좋은 모델인데 울림도 좋

고, 필요하시면 드릴게요."

그렇게 교회에 피아노가 이사를 왔다.

신대원 원우회장님이 전화를 하셨다.

"전도사님, 늦은 시간에 미안해요. 기뻐서 전화드렸어요. 방금 원우
회 임원회의를 했거든요. 개척하시는 교회 지원 건이 통과됐어요. 원
우회에서 드럼을 한 대 사드리기로 했습니다."

할렐루야!! 놀라운 일들이 꼬리에 꼬리를 물었다.

막내 형수가 전화를 했다.

"삼촌, 잘 있지?"

"그럼요. 그나저나 무슨 일이세요?"

용건은 이랬다. 형수의 언니가 지체 장애가 있으신데 나주의 한 요양
병원에 입원 중이었다. 그런데 얼마나 관리가 허술했는지 고관절이
부러진 걸 모르고 방치해 버린 거다. 상태가 악화되고 나서야 부랴부

라 협력 병원에서 수술을 한다고 연락이 왔단다.

"삼촌, 나 이제 그 병원 도저히 못 믿겠는데, 삼촌은 아는 사람 많잖아. 혹시 아는 분 중에 의사 선생님 계시지 않아? 수술할 수 있는 병원도 좀 알아봐 줘요."

신대원 조상기 선배님 얼굴이 곧바로 떠올랐다. 당시 광주기독병원 의과학연구소 소장님으로 계셨다. 선배님께 연락해서 상황을 설명드리자마자, 일단 수속을 밟고 병원으로 응급 이송을 하라셨다. 사돈을 기독병원으로 모시고 와서는 일이 일사천리였다. 입원 이틀 만에 정형외과 과장님께서 직접 집도하셔서 수술이 완벽하게 끝났다. 또 어찌나 친절하게 환자를 살펴주시던지…. 이 모든 과정을 지켜본 형수는 감동했다.

"삼촌, 너무 고마워요. 교회 개척한다고 이야기만 듣고 챙기지도 못해서 미안해. 혹시 뭐 필요한 거 없어요?"

왜 없겠는가? 부족한 것투성이인데…. 나는 마치 기다렸다는 듯이 웃으며 말했다.

"그렇지 않아도 2층 예배실에 바닥을 어떻게 할까 고민이었거든요.

데코타일을 깔면 참 좋겠는데, 그것 좀 도와주실래요?'"

며칠 후 시멘트 가루만 펄펄 날리던 예배실 바닥이 나무무늬로 아름답게 변신했다.

1층 바닥을 전기 판넬로 설치하려는 계획은 전기세 문제로 변경했다. 지금 생각해 봐도 일을 모르긴 몰랐다. 35평 전체를 전기 판넬로 시공하면 작은 교회에서 요금이 감당되겠나? 1층은 문화 센터 겸 아동부 예배를 드리는 교육관으로 사용하려고 계획했다. 아이디어가 나온 것이 스포츠 매트! 신발을 벗고 다녀도 되고, 무엇보다 아이들이 왕래하는 공간이니 방처럼 사용하면 좋겠다는 의견에 동의! 하지만 역시 문제는 자금이었다. 당시 1㎡를 커버하는 한 장 가격이 4만 원 정도, 저렴하다 싶은 것도 3만 원 수준이었다. 얼추 계산해도 100장 정도 필요하니 3~400만 원이 필요한 상황이었던 것이다. 고민하다가 중고 제품을 알아봤다. 이건 150만 원 정도면 가능했다. 됐다 싶었다. 계속 정보를 찾아보고 이리저리 구입할 수 있는 루트를 조사했다. 연락하거나 만나는 이들에게 버릇처럼 스포츠 매트 이야기를 했다.

그러던 어느 날, 남부대학교 김영식 교수님과 식사 약속이 잡혔다. 젊은 시절부터 산전수전 공중전 함께 겪은 절친한 의형제 사이. 만나자마자 매트 이야기를 던졌다.

"형님, 어디 태권도장 매트 중고로 구할 수 있는 데 없을까요? 형님이 야무도인이고 스포츠 관련 학과잖아요."

"어디다 쓰려고?"

"저 개척하는 교회요. 1층에 깔아야 하는데 한 100장 정도 필요해요. 새건 너무 비싸고…"

바로 들리는 형님 대답에, 나는 쓰러지는 줄 알았다.

"형한테 있다."

"예? 어디요?"

형님 이야기는 이랬다.

학교 무예(武藝) 연습장 바닥이 스포츠 매트인데, 5년에 한 번씩 교육 환경 개선을 위해서 교체한다는 것이다. 이번에 때가 되어서 교체를 하고 사용하던 것은 샤워실에 쌓아 두었다는 게 아닌가. 마침 폐기할 수밖에 없어서 처분하려고 알아보는 중이었고, 다행인 건 상태가 꽤 좋다는 것.

"형님, 그거 제가 깨끗이 처분해 드릴게요. 어디 있어요?"

그 길로 달려가 매트를 살폈다. 훌륭했다. 생각해 보시라. 고무 재질
매트가 5년 사용한다고 얼마나 문제가 생기겠는가. 더군다나 학교에
서 사용하던 것이라 관리도 너무 잘돼 있었다. 최고의 제품이 나를
기다리고 있었다. 자, 이제는 수량 확인이 필요했다. 나는 신속하게
매트를 세기 시작했다.

"하나! 둘! 셋…"

102장! 정말 기가 막히지 않은가? 며칠 후 트럭에 매트를 가득 싣고 와
1층에 깔기 시작했다. 중학교 1학년이던 아들 병일이의 친구들이 신
바람 나게 일을 거들었다. 가만 보니 병일이 얼굴에도 웃음이 가득했
다. 그렇게 10원 한 장 들이지 않고 1층 바닥 문제가 깨끗이 해결됐다.

1층 바닥에 스포츠 매트를 신나게 깔던 날

교회에서 방송 시설은 참 중요한 부분이다. 고민이 컸다. 좋은 소리와 화면을 위해서는 고가의 장비가 필요하지만, 언감생심 우리 형편이 꿈이라도 꿀 수 있는 형편이던가. 하지만 다행히도 돌파구가 보였다. 나는 사회에서 이벤트 전문가로 활동했고, 대학 교수로서 후학들을 길러 내기도 했다. 그 경력은 내가 20년 가까이 사역했던 모교회인 포도원교회(광주)에서 꽃을 피웠다.

연건평 6,000평이 넘는 교회 비전센터 건축 공사가 진행되면서, 방송 분야 전문위원으로 위촉되어 방송 설비 공사를 총괄한 것이다. 당연히 각 분야의 전문가나 대표들과 일했고 우호적인 인맥이 형성됐다. 개척 당시는 본교회를 떠나온 지 정확히 1년이 지난 시점이었다.

나는 기도하는 마음으로 정중히 연락을 드렸다. 개척 소식에 깜짝 놀라는 분이 많았다. 어려운 길을 간다고 응원해 주는 목소리에 용기가 생기기도 했다. 얼마 지나지 않아 반가운 전화가 걸려 오기 시작했다. 영상 공사를 총괄하셨던 김창환 이사님의 연락.

"전도사님, 좋은 물건이 하나 생겨서요. 소니 제품인데 신제품이에요. 이거 런칭 하느라고 교회하고 회사에 소개차 시연을 좀 했는데, 사용 시간이 300시간도 안 돼요. 4,500안시이니까 화질도 훌륭하죠. 16:9 와이드에 HDMI 단자며 필요한 입출력이 다 구비된 건데요. 제가 이거 기증하겠습니다.”

음향 공사를 담당했던 D&B사의 팀장님도 목소리가 들떠서 전화하셨다.

"오래 기다리셨죠? 도와드리려고 이리저리 알아보느라고 시간이 좀 걸렸습니다. 그래도 이왕 해 드리는 건데, 좋은 물건 찾느라고요. 소리가 정말 깔끔해요. 영국 제품인데요. 12인치 2웨이 헤리슨입니다. 납품했는데, 공사비 결재 문제로 반품을 받은 거예요. 뭐 새 제품이나 다름없죠. 잘 쓰세요. 전도사님. 부흥하시고요.”

하나님께서는 늘 내 바람과 기대를 뛰어넘어 준비해 주셨다.

이제는 방송 공사가 문제였다. 고민도 잠시, 조성영 집사님께서 갑자기 연락을 주셨다. 20대 초부터 신앙생활 하면서 맺은 인연이다. 소식을 들었단다. 서울에서 방송 설비 업체 팀장으로 공항이며 대형 공연 시설의 공사를 담당하고 있는 전문가다. 약속을 잡더니 광주의 시공 업체 대표와 함께 나타났다.

"전도사님, 필요한 게 뭐예요?”

"다행히 장비는 좀 기증을 받았는데요. 설치 공사를 해야 해서요. 기자재도 좀 부족하네요."

조목조목 상황을 설명했다. 이야기를 듣고 난 조 집사님은 밝은 표정으로 대답하셨다.

"프로젝터가 좋으니 150인치 정도 큰 화면 쓰셔도 되겠어요. 전동 스크린 달아서 영화관처럼 만들어 드릴게요. 스피커도 포인트 잡아서 천정에 달고요. 방송 장비 렉도 하나 들이겠습니다. 방송실은 맨 뒤쪽에서 조종할 수 있도록 자리 잡을게요."

환상적이지만 비용이 문제 아니겠는가?

"집사님, 감사해요. 비용은 얼마나…?"

"에이, 걱정하지 마세요. 저는 서울에 큰 공사가 있어서 못 도와드리고요. 오늘 함께 온 김 대표에게 일임했으니까 알아서 잘해 줄 겁니다. 절 위해서 기도해 주세요. 그 기도로 퉁 칩니다. 하하!"

시간이 지나며 교회 건물 보증금도 차곡차곡 채워지기 시작했다. 10월 30일, 800만 원의 중도금을 잘 치렀다. 11월 중순 잔금을 치르기로 한 날짜, 600만 원을 더 보냈다. 그날 건물주에게 정중하게 전화를 드려 부탁했다.

"다 보내 드려야 하는데 400만 원이 부족합니다. 다음 달 21일에 설립 예배를 드려요. 22일에 어김없이 보내 드리겠습니다. 조금만 참아 주셔요."

건물주는 전주에서 신앙생활 하시는 여 집사님이었다.

"목사님, 알겠습니다. 걱정 마세요. 그때 보내 주시면 됩니다."

이해해 주는 그 마음에 큰 위로가 됐다. 후일 그 약속을 지켰다.

나의 하나님이 그리스도 예수 안에서 영광 가운데 그 풍성한 대로 너희 모든 쓸 것을 채우시리라(빌 4:19)

나는 이 말씀을 가장 낮은 인생 가운데서 체험했다. 아무것도 없는 제로 상태에서 시작된 교회 개척 중에 살아 역사하는 말씀을 만났다. 그리고 이 말씀은 내 사역에 여전히 현재 진행형이다. 기쁘고즐거운 교회와 '선한친구들'의 사역의 길에 끊임없이 풍성하게 공급해 주시는 하나님의 손길을 날마다 만나며 살아간다.

웃음과 눈물의 관계

78일 만에 리모델링을 마친 기쁘고즐거운교회

손수 페인트칠을 시작한 지 78일 만에 설립 예배를 드리게 되었다. 2013년 12월 21일 토요일, 크리스마스를 나흘 앞둔 겨울, 기쁘고즐거운교회가 출생 신고를 했다. 1층에 개척 과정의 사진을 담아 현수막을 설치했다. 상단의 타이틀은 "Grace 은혜". 내용은 이러했다.

"우리가 한 것은 아무것도 없습니다. 교회 터를 예비하시고, 사람과 재원을 보내 주신 위대하신 하나님. 기쁘고즐거운교회의 또 다른 이름은 은혜입니다."

잔칫집처럼 손님 맞을 준비를 했다. 대접할 먹거리부터 푸짐했다. 찰밥이며 머리 고기, 떡, 장모님이 준비해 오신 강진 마량산 전어회까지 세팅! 신바람이 났다. 내 얼굴에서 웃음이 떠나지 않았다. 작은 교회이지만 나름 특별하게 프로그램도 접목했다. 개척 과정에 이모저모 도와주시던 박애순 권사님은 한지공예 작가다. 멋진 작품을 가져다가 1층에 전시회를 열었다. 예배 전에는 대한민국 웃음 박사로 주가를 올리고 있던 김영식 교수님의 힐링 콘서트까지 준비했다. (강사료를 두둑하게 받던 A급 강사였지만 동생이 교회를 개척한다니 그냥 버선발로 달려왔다. 지금도 그 고마움을 잊지 못한다.) 웃음을 드리고 싶었다. 작은 교회, 개척 교회라는 애잔하고 조금은 서글픈(?) 이미지를 깨고 싶었다.

'왜 개척 교회라고 하면 어렵고 힘든 스토리만 생각나야 할까? 이곳이 복음을 전하는 방주라면 기뻐야지! 복음은 Good News, 기쁜 소식이잖아. 기쁜 소식을 전하는 곳에서 울상이면 어떡해.'

이 생각은 그때나 지금이나 변함없는 내 목회관이다. 교회는 기쁨이 샘솟는 우물이요, 상처가 치유되고 소망이 피어나는 즐거운 공동체여야 한다. 물론 눈물도 필요하지만, 그 눈물 속에도 기쁨과 감사가 있어야 하지 않겠는가?

이런 목회관이 모토가 되어 교회 이름이 생겨났다. 이름을 정하는데 며칠 고민을 했었더랬다. '기쁨의교회로 할까?' 전국은 물론이요 광주에도 이미 넘쳐난다. '이건 없겠지? 즐거운교회!' 없기는 왜 없겠는가! 마찬가지다. 문득 두 단어를 연결하고 싶어졌다. '기쁘고즐거운교회…. 괜찮은데!' 바로 검색 모드 돌입, 전국에 하나도 없다! 1차 통과! 아내에게 의견을 물었더니 돌아오는 대답이 더 걸작이다.

"좋아요! 당신은 레크리에이션 했던 사람이고, 이벤트나 축제 전문가잖아요. 늘 사람들 기쁘게 하고 즐겁게 해 주던 인생인데, 교회 이름이 당신 이미지하고 딱 맞아요."

강단 벽면에 요엘 선지자를 통해 말씀하시는 하나님의 마음을 내걸었다.

시온의 자녀들아 너희는 너희 하나님 여호와로 말미암아 기뻐하며 즐거워할지어다 그가 너희를 위하여 비를 내리시되 이른 비를 너희에게 적당하게 주시리니 이른 비와 늦은 비가 예전과 같을 것이라 마당에는 밀이 가득하고 독에는 새 포도주와 기름이 넘치리로다(욜 1:23-24)

돌아보니 기쁘고즐거운교회에는 하나님께서 주시는 이른 비와 늦은 비가 가득했다. 행복한 일들 속에서 우리는 기뻐했다. 어려움이 있고 문제가 너무 클 때도, 해결책을 주시고 능히 이기게 하실 하나님을 바라보며 즐거워했다. 많이 웃으며 지나온 세월이다.

이런 마인드로 교회를 개척해 설립하는 첫날이니 내가 얼마나 웃고 다녔겠는가? 작은 예배당이 꽉 들어찼다. 참 행복했다. 은혜롭게 1부 감사 예배를 마치고, 2부에 교회 설립 인증과 선포가 이어졌다. 그리고 담임인 내가 감사의 인사를 전하는 시간. 미소를 머금고 앞에 나가 마이크를 잡았다. 바로 그때, 하필 맨 뒷자리에 앉아 있던 아내와 눈길이 마주쳤다.

그렇지 않아도 큰 눈망울에, 이미 눈물이 꽉 차올랐다. 내가 한마디만 하면 툭 터져 버릴 것 같은 아내의 눈망울이 클로즈업되어 다가왔다. 아내가 눈으로 말한다.

"수고 많았어요. 당신…."

순간 그동안의 개척 과정이 영화처럼 머릿속에 펼쳐졌다. 이리저리 내쫓겼던 아픔의 시간, 거실에서 드린 첫 예배, 개척을 도와준다고 했다가 등을 돌렸던 선배, 교회 건물을 처음 만났던 비 내리는 아침, 시멘트 바닥에서 통곡하며 드렸던 기도, 수많은 이들에게서 받은 사랑과 동참. 나는 마이크를 잡은 채 한참을 아무 말도 못 하고 서 있었다. 이미 두 줄기 눈물이 뺨을 타고 흘렀다. 멋지게 웃으면서 인사하고 싶었는데… 실패했다. 목이 매여 인사말을 할 수 없었다. 그 모습을 보고 함께한 이들도 눈시울을 적셨다.

지금도 몸을 떨며 울고 있는 내 모습이 선하게 보인다. 활짝 웃고 앞에 나갔다가 시뻘게진 눈으로 개척 과정의 은혜를 전하던 그 작은 전도사의 얼굴이 떠오른다. 난 확신한다. 교회의 눈물은 기쁨의 열매를 거두는 좋은 씨앗이 된다. 그 눈물이 하나님께서 허락하시는 이른 비와 늦은 비를 부르는 마중물이 된다.

> 눈물을 흘리며 씨를 뿌리는 자는 기쁨으로 거두리로다 울며 씨를 뿌리러 나
> 가는 자는 반드시 기쁨으로 그 곡식 단을 가지고 돌아오리로다(시 126:5-6)

그렇다. 교회에는 기쁨과 즐거움이 필요하다. 또한 눈물도 필요하다. 순종의 눈물, 충성의 눈물, 회개와 겸손의 눈물, 믿음의 눈물이 기쁨의 강을 차고 넘치게 한다.

악재마저 선으로 바꾸시는 하나님

설립 예배를 준비하며 생각지 않은 마음고생을 한 적이 있다. 예배실 의자를 구입하면서 만난 황당 사건. 어떤 스타일이 좋을까 고민하다 결정한 게 예배용 개인 의자였다. 뒤에 받침이 있어 편의성도 있고 기존 장의자를 놓는 것보다 감각적이고 효율적일 것 같았다. 인터넷에서 검색하다가 여러 교회에 납품 실적이 있는 한 업체와 통화를 하고서 150만 원을 입금했다. 당연히 설립 예배 전에 도착하는 일정을 확인했고 문제없다는 약속도 받았다.

그런데 예배 하루 전에 연락이 와서는 의자 납품이 어렵다는 것이 아닌가! 설립 예배가 당장 내일인데…. 그러면 환불을 해 달라고 하니까 돌아오는 대답은 더 걸작이다.

  "회사 회계 처리상 보고를 하고 환불을 해야 해서 당장은 힘듭니다.
  다음 주에 보내 드리겠습니다."

환불을 받으면 다른 업체 물건을 급하게 구할 수 있는 루트가 있었는데 이마저도 힘들게 된 것이다. 생각해 보시라. 예배에 의자가 없으면 어떻게 되겠나? 어떤 의자이든 비치해 놔야 하는 급한 상황이 되었다. 다행히 무등교회에서 행사용 일반 접의자를 빌려주셨다. 감사하기가 그지없었지만, 예배실에 가져다 놓으니 모양새가 좀 그랬다. 딱 관공서용. 은색 철제에 파란색 바디(body), 예배실 분위기와는 겉도는 비품이 쫙 깔린 것이다.

그날 그 의자를 보고서 마음 아파하셨던 분이 계셨다. 내 모교회인 포도원교회 사모님. 의자에 얽힌 스토리를 들으시더니 교회에는 장의자가 더 어울리지 않겠느냐고 물으셨다. 새 물건을 사려면 비용도 비용이니, 그러지 말고 지금 포도원교회 구 예배실에 있는 장의자를 옮겨서 세팅을 하라시는 게 아닌가. 당시 포도원교회는 비전센터를 완공하고서 새 예배실을 사용하던 터라 구 예배실은 활용도가 낮았다. 배려해 주시면 그렇게 하겠다고 답했더니 며칠 후 연락을 주셨다.

"백 목사님도 흔쾌히 허락하시네요. 문 전도사님 일인데 그렇게 하라고…. 2층에 있는 것 중에서 적당한 것 골라서 가져가시면 될 것 같아요."

며칠 후 포도원교회에 들려서 16개 정도를 옮겼다. 장의자를 가져다 놓으니 예배실 분위기가 살아났다. 동선도 좋고 컬러도 어울렸다. 청소를 좀 해야겠다 싶어 아래 쿠션을 들춰 내고 걸레질을 시작했다. 몇 개쯤 끝내 놓고 또다시 쿠션 하나를 들추다가, 나는 나지막이 소리쳤다.

"와아! 세상에 이게 뭐야! 병일이랑 예람이가 넣어놓은 건데!"

쿠션 밑에서 5년도 넘은 주보가 두어 장 나온 것이다. 우리 집 아이들 그림과 글씨가 분명했다. 예배드리는 엄마 아빠를 따라 배 속에서부터 교회를 다닌 아이들, 예배에는 열외가 없었다. 하지만 주로 어른들이 드리던 공예배에 꼬마들이 버티기가 힘들지 않았겠는가? 아이들은 자기들 나름대로 놀이를 개발했었다. 주보 하나 가져와 이리저리 글씨 쓰고 그림을 그리며 시간 보내기. 아마 어느 날도 그렇게 놀다가 그 주보를 쿠션에 쑥 끼워 넣은 것일 듯. 그리고 5년이 지나고서 그걸 내가 발견한 것이다.

당시 우리 가족이 교회에 지정석처럼 주로 앉는 자리가 있었다. 2층 좌측 코너. 어린아이들을 데리고 함께 예배드리다 보니 1층 좌석은 꿈도 꿀 수 없었다. 예배가 끝나면 어김없이 그 장의자 위에 무릎을 꿇고 간절히 부르짖어 기도했었다. 세상의 그 험한 풍파, 인생의 수많은 고비를 그 장의자 위에서 기도하며 이겨 냈었다. 단순한 장의자가 아니라 하나님을 만나는 기도의 자리였던 셈이다.

나는 그날, 왜 주문한 의자가 납품이 안 되는 그 황당한 사건이 벌어졌는지 이해하게 되었다. 그리고 "기도하는 교회가 되라"라는 명령을 들었다. 나는 지금도 그 장의자 위에서 동일하게 기도한다. 자리에 그냥 앉아 기도하는 것보다 무릎을 꿇고 올라가 기도하는 것이 더 익숙하다.

그 기도의 자리에서 소망을 만나고 용기를 얻는다. 지금까지 이 작은 공동체가 만난 수많은 기적 같은 역사가 이 자리에서 시작되었다고 나는 믿는다.

> 너희가 악한 자라도 좋은 것으로 자식에게 줄 줄 알거든 하물며 하늘
> 에 계신 너희 아버지께서 구하는 자에게 좋은 것으로 주시지 않겠느냐
> (마 7:11)

의자 납품 사건은 결국 재미있게 결말이 났다. 그 업자는 돈을 돌려주지 않으려고 계속 시간을 끌었고 난 어쩔 수 없이 경찰서에 인터넷 물품 사기로 고발을 했다. 약발이 들었다. 서에서 연락이 가니 벌벌 떨면서 사죄 전화를 했다. 며칠 후 전액을 되돌려 받았다. 게임 오버!

결론적으로 교회 의자는 무상으로 구비하게 된 셈이다. 더군다나 스토리가 담긴 의미 있는 성구니 이 아니 기쁜 일인가. 악재마저 선하게 바꾸시는 하나님의 역사를 생생하게 만난 사건이었다.

예배 공간에 장의자를 세팅한 후

2장

기쁘고즐거운교회
이야기

강점에 집중하라

나는 약점이 참 많은 사람이다. 성격도 모난 부분이 많다. 그런 내가 목회자가 되어 살아가는 것, 작은 교회를 돕는 사역 단체를 이끄는 것이 참 아이러니하다. 직접 손으로 공작하거나 만들어 내는 재능도 영 수준이 떨어진다. 이런데도 불구하고 인테리어를 감각적으로 해내고 교회 건축까지 해낸다는 것을 어떻게 설명해야 할까? 해답은 하나다. 나는 내 강점에 집중하는 스타일이다. 대학에서 마케팅 관련 과목을 강의할 때 제자들에게 가끔 피터 드러커(Peter Drucker)의 말을 건넸다.

조직의 고유 목적은 사람들의 강점을 생산적으로 만드는 것이다. 물론 강점을 통해 사람들의 본질적인 약점을 완전히 극복할 수는 없다. 하지만 강점은 약점을 무용지물로 만들 수는 있다.

– 《피터 드러커 자기경영노트》(*The Effective Executive*) 중에서 –

맞는 말이다. 강점이 부각되면 약점은 묻힌다. 인생에 주어진 똑같은 시간에 약점을 바꾸려고 안달하는 편이 아니라 잘하는 것을 강화하고 이어가는 게 더 현명하지 않을까?

교회를 개척하고서 설립 예배를 마친 후, 불현듯 불안이 밀려들었다. 평신도 사역만 오래 했지, 언제 목회를 경험해 봤겠는가? 딱 전도사 생활 4개월이 전부인 햇병아리 목회자. 그것도 40대 중반, 성인 성도는 한 명도 없고 후원 교회나 단체 개인도 없는 상황이니 안 되는 조건, 즉 약점은 다 가지고 있는 셈이었다. 목회 경험도 없고 함께할 동역자도 전무한 현실에서, 나는 내가 잘할 수 있는 일들을 만들어 냈다. 강점에 집중한 것이다.

대학 시절 그룹사운드 활동을 했었다. 그 덕에 나는 기타며, 드럼, 베이스 기타, 키보드를 다 다룰 줄 안다. 엄청난 실력이 강점일까? 아니다. 나는 초보자들이 쉽게 이해할 수 있도록 잘 가르친다. 20대 때 음악 학원을 인수해 몇 년 운영할 정도였으니, 레슨에는 자신 있었다. 난 이 강점에 집중했다. 봄이 되는 길목, 교회 뒤편 아파트 단지에 전단지를 만들어서 돌렸다. 1,500세대 아파트를 직접 발로 뛰었다. 교회에서 소위 '악기 교실'을 개강한 것이다. 반응은 즉각 나타났다. 한 달 만에 스무 명이 넘는 수강생들이 모였다. 1층 문화 교실에서 통기타 교실을 열고, 드럼은 2층 예배실에서 지도했다. 레슨비는 교회 재정에도 도움이 됐다. 작은 교회들의 고민이 뭐겠는가? 월세다. 그 월세를 감당하는 데 악기 교실은 큰 힘이 된 셈이다.

더 신나는 일은 악기 교실을 통해 함께 할 성도들을 만났다는 것이다. 기아자동차에 다니다가 허리 디스크 파열로 잠시 휴직 중이라는한 남성이 통기타를 배우기 시작했다. 레슨을 하다 보면, 이런 이야기 저런 이야기를 나누며 친해지는 게 당연지사 아닌가. 교회 다니다가 몇 년 쉰다고 했다. 그렇지 않아도 가까운 교회를 찾았단다. 6월에첫 예배를 함께 드렸던 손용래 집사님은 이후에 우리 교회 사역자 회장이 되었다.

드럼을 배웠던 Y 자매는 학습지 교사였다. 아파트에 지도하러 왔다가 학부모가 전단지를 보여 주었다며 레슨을 받기 시작했다. 그녀는난생처음 드린다던 예배 중에 눈물을 쏟아 냈다.

나는 음악이라는 강점을 더 강화했다. 문화 교실을 시작한 지 8개월만에 첫 음악회를 열었다. 문화 교실에서 지도했던 통기타 팀, 방과후학교에서 가르쳤던 음악 동아리, 교회 찬양 팀은 그룹사운드가 되었다. 지역에서 활동하는 매직쇼며 난타 팀까지 초청해 동네 잔치를열었다.

세상에, 50명 앉으면 다 차는 예배당에 120명이 들어찼다. 진행은 누가 했을까? 내가 했다. 그것도 아주 재미있게! 레크리에이션 전문가였고, 또 지역에서 나름 유명세를 탔던 방송국 MC였던 과거 실력을 유감없이 발휘했다. 교회라서 찬송가만 불러야 할까? 일반인들이 관객이지 않은가. 대중가요와 클래식 팝송까지 다양한 레퍼토리로 꾸몄다. 나도 7080 그룹사운드 곡 〈젊은 미소〉를 열창했다. 그리고 마지막 순서에 복음을 담았다. 〈이런 교회 되게 하소서〉를 교회 식구들이 나와서 합창했다. 가사 슬라이드에는 교회의 다채로운 사진과 복음의 메시지를 담았다. 짧은 찬양 한 곡이었지만 그걸로 충분했다. 음악회가 끝나면 1층에서는 푸짐한 먹거리로 관객을 대접했다. 돌아가는 손에는 작지만 마음 담은 선물도 안겨 드렸다. 음악회 효과가 있었을까? 음악회에 관객으로 왔다가 온 가족이 교회에 등록하는 경우도 있었으니, 더 말해 무엇하랴.

기쁘고즐거운 음악회

교회 1층은 구청에 정식 신고를 마치고서 '작은도서관'으로 운영했다. 악기 교실도 이 작은도서관 문화 프로그램의 하나로 보면 된다.

2017년에는 광주 문화 재단 '토요문화학교'를 작은도서관에서 유치했다. 지원 사업을 따낸 것이다. 매주 토요일에는 지역 주민들에게 양질의 문화 예술 교육을 제공했다. 역시 음악이 주축이었다. 그룹 악기를 레슨하고, 정크 아트를 접목해 폐자원을 활용한 악기를 제작해 보는 융합 프로그램. 음악 강사는 내가 맡고 정크 아트 작가로 활동한 경력이 있는 아내가 주 강사가 되었다. 더 전문적인 음악 지도를 위해 음악 학원을 운영하던 손승우 선생님을 초빙 강사로 위촉했다. 1년간 서로 도와가며 교육 과정을 다 마친 날, 선생님이 아내에게 말했단다.

> "저 1년 동안 쭉 지켜봤는데요. 목사님하고 사모님은 좀 다르신 것 같아요. 사실 어머니가 저 교회 다시 나가게 해달라고 계속 기도하셨거든요. 싫다고 했었는데…. 저 다음 주부터 예배드릴래요."

단 한 번도 교회에 관한 이야기를 한 적 없었는데, 그는 우리의 삶을 보고 20년 만에 신앙의 둥지를 찾았다. 지금은 집사님이 되어 충성스러운 그리스도의 일꾼이 되었다.

일 벌이기 좋아하는 나는 틈만 나면 땀 흘릴 만한 사역거리를 만들어 냈다. 내 생일에는 닭죽을 푸짐하게 쒀서 경로당 어르신들을 대접했다. 음악회는 1년에 두 번씩 열었다. 끝나면 연습하고, 끝나면 또 준비한 셈이다. 대형 스크린이 있으니 동네 영화제도 열었다. 큰 화면에 음향 시스템도 빵빵하니 완전 영화관이었다. 그뿐이랴. 팝콘과 오징어땅콩에 음료수도 제공하는 특급 서비스까지! 동네에 "교회가 부지런히 자꾸 뭘 해"라는 이야기가 돌기 시작했다.

개척하고서 재정이 없다고 투덜대지 않았다. 사람이 없다고 원망하지 않았다. 대신 내가 가진 것에 초점을 두었다. '내게 뭐가 있나? 내가 할 수 있는 게 뭘까? 교회가 지역에서 어떤 거점이 되어야 할까?'를 고민했다. 부족하지만 할 수 있는 능력을 강화했다. 그랬더니 불안이 사라지고 염려가 달아났다. 하나님께서 그 작은 능력을 통해 일하시는 것이 보였다. 그러니 더 달릴 수밖에…. 선순환의 사역이 계속되었다.

교회 이름이 참 예쁘네

시간이 가고 다양한 계기로 30~40대 중심의 젊은 성도들이 모이기 시작했다. 아내 친구였던 미란 씨는 교회 이야기만 하면 고개를 젓던 사람이었다. 그녀가 여러 가지 인생의 풍파를 만난 때가 우리 교회의 개척 시점이었다. 그렇지 않아도 힘든데 발목까지 부러진 겨울, 목발을 하고서 친구가 사모가 되었다고 하니 작은 교회 응원을 온 것이다. 눈물바다가 되었던 개척 예배에 미란 씨도 펑펑 눈물을 쏟았다. 그녀는 '나라도 친구를 돕겠다'라는 마음이 들었다며 교회의 1호 장년 성도가 됐다.

내 어린 시절 절친인 수현이는 멋쟁이 경찰관이었다. 방황하는 조카 문제로 교회를 찾았다. 조카만 혼자 예배드리게 할 수 없어 자신도 함께 앉아 예배를 드렸다. 그러다가 조카보다 더 은혜를 받았다. 누구보다 열심인 교회의 주축 멤버가 되었고, 후일 교회가 성전 건축위원회를 꾸릴 때 초대 위원장이 되어 큰 역할을 감당해 주었다. 하나님께서 한 사람을 부르시고 사용하시는 방법은 참 놀랍기만 하다.

교회의 공식적인 첫 번째 후원 헌금자이자 강단 커튼을 헌물 했던 처형 고수연 집사님은 1년쯤 있다가 합류했다. "제가 한 2년은 도와야겠다고 생각이 들어서요." 초신자가 많았던 교회에 질서가 잡히고 안정적인 흐름이 될 수 있도록 참 무던히도 열심을 내 주었다. 더 감사한 이유, 고수연 집사님을 통해 새로운 식구들의 교회 등록이 이어진 것이다. 갓난아이 같은 교회에 그녀는 정말 축복의 통로가 되었다. 그녀가 어떤 마음으로 사역하는지, 하나님께서 꿈을 통해 알려 주신 일이 있다.

함께하는 성도들이 예배실에서 다 일어나 있었다. 하나님께 마음을 드려 찬양을 했다. 고수연 집사님은 지휘자였다. 그런데 지휘를 뛰어다니면서 했다. 장의자 사이 중앙 통로를 앞뒤로 다니며 열심히 지휘봉을 저었다. 그 얼굴은 환하게 빛났다. 얼마나 기쁨이 가득한 표정이었던지….

나는 그날 이후 고 집사님께 헌신의 마음을 주신 분이 하나님이시라는 확신을 갖게 됐다. '목회자가 잘해서', '교회가 일할 여건이 되기 때문'이 아니었다. 하나님께서 교회에 일꾼을 보내 주시고, 그에게 맞춤형 은혜도 주시고, 헌신의 마음도 부어 주신다고 믿는다. 이러니 사람이 자기 자랑할 일은 하나도 없다. 다 은혜다. 이 말이 아직도 믿어지지 않는가? 그렇다면 이 이야기는 어떤가?

교회가 2년쯤 달려온 2015년의 마지막 주일, 예배 시간에 처음 본 어르신과 젊은 아빠, 아이들 셋이 쑥하고 들어왔다. 앞에서 찬양 인도를 하고 있던 나도 흠칫 놀랐다. '누굴까?' 예배 중이라 물어볼 수도 없고 궁금증은 컸지만, 예배에 집중해야 할 시간 아닌가. 준비한 설교를 전하는데 젊은 아빠는 연신 고개를 끄덕이며 집중했다. 교회에서 점심을 나눈 후 차 한 잔을 앞에 두고서 마주 앉았다. 인상도 참 좋고 밝은 기운이 넘쳤다. '어떻게 교회에 오게 되었을까?'

"한 달 전에 115동으로 이사를 왔어요. 제가 담배를 피우거든요. 담배 피우려고 뒷 베란다에 나오면 교회가 보여요. 교회 간판을 보는데 교회 이름이 참 예쁘다는 생각이 들더라고요. 딱딱하고 엄숙한 교회가 아니라, 이름처럼 기쁘게 웃고 즐거운 교회라는 생각이 계속 드는 거 있죠."

"아니, 교회 간판이 눈에 들어올 정도면 신앙생활 하셨던 것 같은데요?"

난 웃음기 머금은 얼굴로 그에게 물었다. 돌아오는 대답은 역시나였다.

"사실 어릴 때는 신앙생활 열심히 했거든요. 학생부 회장도 하고요. 그러다가 대학 가면서 틀어지더라고요. 군대 가고 사회생활 하면서는 더 멀어졌고요. 그런데 신기하죠. 기쁘고즐거운교회 간판이 계속 눈에 들어오더라고요. 예배를 드려 보고 싶은 거예요. 그런데 발걸음이 안 떨어지더군요. 주일이 되면 가야지 가야지 생각하고 고민만 하다가 한 달이 지난 거예요."

"세상에, 그러셨어요. 그런데 오늘은 어떻게 나오시게 된 겁니까?"

"저분이 어머니세요. 권사님이시거든요. 서울에 사시는데 어제 내려오셨어요. 이사한 집 둘러보신다고…. 오시자마자 물어보시는 거예요. 내일 예배드리러 갈 교회가 있냐고요. 그런데 저도 모르게 '바로 옆에 있어요'라고 대답한 거 있죠. 그래서 어머니랑 함께라 용기 내서 정말 20년 만에 예배에 나왔습니다.'

안경 너머로 보이는 그의 눈망울에 이슬이 비쳤다.

"오늘 목사님 설교를 듣는데 왜 그렇게 찔리는지 깜짝 놀랐어요. 다 저한테 하는 이야기인 거예요. '아… 내가 이렇게 계속 살면 안 되겠구나' 하는 생각이 들더라고요. 다음 주부터 아이들과 함께 예배에 꼭 나오겠습니다.'

이번에는 내 눈에 이슬이 맺혔다. 기쁘고즐거운교회의 성장과 '선한 친구들'의 역동적인 사역에 지금도 든든한 기둥의 역할을 하는 진상희 집사님은 그날 주님께 다시 돌아왔다.

기도실을 만들래요

주님은 그를 완전히 변화시키기 원하셨다. 그는 주중에 서울에서 의료기기용품 판매 회사를 운영하고, 주말이 되면 광주로 내려오는 생활을 했다. 30대 후반의 젊은 오너였지만 성실함이 몸에 밴 그는 사업을 꽤 탄탄하게 펼치고 있었다. 신앙생활을 하면서 하루가 다르게 그의 삶이 바뀌어 가기 시작했다. 영업한다고 매일 술을 입에 대던 그가 술을 멀리하고 담배도 끊었다. 거기다 주말에 내려오면 새벽 예배에 나와 기도를 했다.

2016년 3월, 새벽 예배에 나온 그와 단둘이 예배를 드렸다. 잔잔한 찬양곡을 틀어 놓고 깊은 기도의 시간으로 들어갔다. 얼마나 지났을까, 갑자기 흐느끼는 소리가 들렸다. 상희 형제가 우는 소리였다. 그런데 시간이 지나면서 들으니 보통 울음소리가 아니었다. 눈물 콧물 다 빼면서 주체할 수 없이 우는 것이 아닌가. 한 시간쯤 지났나 보다. 그때까지 어깨를 들썩이며 눈물을 흘리고 있는 그에게 다가가서 옆자리에 앉았다.

"상희 형제, 기도하다 은혜받았나 보네."

"흑흑… 목사님, 하나님이요… 저한테… 흑흑… 기도실을 만들래요."

"무슨 기도실? 어디 차분하게 이야기해 봐요."

그 새벽에 주님은 상희 형제의 영안을 여셨다. 영화 필름처럼 선명한 영상이 그의 눈앞에 펼쳐졌다. 환상을 주신 것이다.

"이번에 이전하려고 하는 사무실이 보이는 거예요. 그러더니 인테리어가 다 된 모습이 보여요. 직원들 사무 공간도 있고 제가 쓸 대표이사실도 있고요. 그런데 제 방 옆에 또 방이 하나 있는 거예요. 그 방에서 제가 기도하고 있는 모습이 보였어요. 그러면서 하나님 음성이 들렸는데, '기도실을 만들어라. 너는 앞으로 기도하면서 사업을 하거라'라고 하시는 거예요. 저 지금 몸이 너무 떨려요. 목사님, 저 어떻게 해야 돼요?"

나는 함박웃음을 지으면서 그에게 대답했다.

"놀라지 마요. 상희 형제. 하나님께서 상희 형제를 참 사랑하시나 보네. 특별하게 사용하시려고 영안을 여신 걸거야. 명령대로 하면 되지 뭐가 걱정이에요. 이번에 이전하는 사무실에 그대로 기도실을 만들어요. 그리고 그곳에서 날마다 기도하고 하나님께 물으며 사업해요. 그러면 붙들어 주실 거야!"

몇 달 뒤 새롭게 단장한 그의 사무실에서 이전 감사 예배를 드렸다. 물론 기도실도 자리 잡았다. 그곳은 그에게 영적인 지성소가 되었다.

매일 이른 아침, 말씀과 기도로 하루를 여는 그는 지금도 변함없이 하나님과 동행하며 사업을 한다. 당시와 비교하면 사업은 크게 확장되었다. 코로나19로 힘들다는 시기를 지나면서도, 그는 새로운 사업 아이템을 계속해서 만들어 냈다. 거침이 없었다. 인간적인 재능이 아니라 주님께 물어 가며 지혜를 구하는 이에게 주시는 축복의 열매를 그를 통해 본다.

> 하나님이 말씀하시기를 말세에 내가 내 영을 모든 육체에 부어 주리니 너희의 자녀들은 예언할 것이요 너희의 젊은이들은 환상을 보고 너희의 늙은이들은 꿈을 꾸리라(행 2:17)

반갑다 기쁨아

나는 그림 그리기를 좋아한다. 아 오해는 마시라. 거창하게 화폭에 물감으로 그림을 그리는 재주는 없다. 그럼 어떤 그림? 불현듯 이루고 싶은 꿈 하나가 생기면 그걸 계획하고 그림으로 시각화하는 걸 즐긴다.

그것은 마치 지도와 같다. 목적지가 분명하게 보인다. '시각화한 그림 한 장이 뭐 얼마나 큰 역할을 하겠어?' 혹시 이렇게 생각하시는 가? 그러나 그것은 의외로 힘이 세다. 목표가 너무 멀게 보여 포기하고 싶을 때 용기를 준다. 낙망이 슬금슬금 다가올 때 다시 일어서서 길을 가게 만든다. 그림을 그리고 그 그림 위에 소망을 기록하는 단순한 일이 얼마나 중요한 것인지 모른다.

개척 후 1년쯤 지난 어느 날이었다. 교회에 승합차가 필요하다는 생각이 들었다. 당시 우리집 아이들 덕분(?)에 중딩들이 꽤 출석을 했다. 교회에 오게 하려고 픽업을 하는 데 승용차로는 한계가 있었다. 어떤 때는 두 번 이상 길을 나서야 했다. 또 이런저런 계기로 교회로 모인 장년 성도들과 모임도 갖고 이동도 하려면 교회 차가 있으면 좋겠다는 꿈이 생겼다. 하지만 개척 1년 된 교회에서 무슨 자금이 있겠나. 그렇다고 자금이 없다는 핑계로 가만있을 수는 없는 일. 나는 거래하는 광고 기획사로 전화를 했다.

"차량 랩핑 디자인을 좀 부탁하려고요. 차종은 로디우스예요. 쌍용 차 있죠? 11인승. 그곳에 기쁘고즐거운교회 로고가 있는 차량 광고 디자인을 해 주세요. 단순하게 말고요. 멋지게요. 파격적으로 하셔도 돼요."

지금 생각해도 참 많이 앞서갔다. 승합차 살 돈 한 푼 없는데, 구입할 차종을 정해 놓고 거기다 150만 원 정도 들어간다는 차량 랩핑 계획까지 세웠으니 말이다. 얼마 지나지 않아 멋진 디자인 시안이 도착했다. 나는 컬러 인쇄를 해서 필경대 위에 두었다. 그리고 성도들에게 꿈을 소개했다. 모두들 디자인 시안에 만족하는 눈빛이었다.

"두 달 정도 기간을 두고서 특별 헌금을 했으면 합니다. 목표액은 500만 원입니다."

목표액이 모였을까? 두 달이 지난 2015년 1월 초, 정말 몇 안 되는 성도들이 십시일반 동참해 450만 원이 모였다. 아직 목표 금액이 다 차지는 않았지만 움직이고 싶은 강한 충동이 든 어느 날, 나는 곧바로 중고차 거래 시장으로 향했다. 신문 광고를 보고서 미리 연락을 취해 둔 한 딜러와 만났다. 인상이 좋아 보이는 그분은 어디에 쓰려고 하는지 넌지시 물었다.

"교회에서 쓰려고요. 이제 개척 1년 좀 넘은 작은 교회예요."

딜러의 눈이 반짝였다.

"아, 목사님이시구나! 저도 하남의 A교회에 다니는 안수집사입니다."

그는 신이 난 듯 매물로 안내하면서 설명을 이어 갔다.

"'로디우스' 좋은 게 있어요. 목사님께 가려고 이게 있었나 봐요. 이것도 B교회 목사님께서 자가용으로 쓰시던 차예요. 깨끗한 건 말할 필요도 없고요. 거기다 저한테 넘기시기 전에 미션이 좀 이상하다고 새 미션으로 갈아 끼워서 주셨어요. 제가 경정비도 다 마쳤고… 뭐 더 이상 설명이 필요 없는 물건입니다."

차는 설명 그대로였다. 은색 '로디우스'에 앉는 순간 얼마나 편안하던지! 문제는 금액이었다. 신문에는 500만 원에 안내되어 있던 차. 딜러가 내 기뻐하는 모습을 보면서 뭔가 결심한 듯 말했다.

"제가 이거 500은 받아야 하거든요. 그런데 목사님 보니 맘이 바뀌네요. 420에 가져왔으니, 제가 남기지 않고 드릴게요. 수리비가 조금 들었으니 450만 주세요."

세상에 이런 일이 있나! 그는 마치 교회 통장을 본 듯한 말을 던졌다. 더도 덜도 아닌 딱 준비되어 있던 금액! 그렇게 교회 차가 생겼다. 광고사에 의뢰해 랩핑까지 마쳤다. 그림을 그렸던 교회 차의 꿈. 디자인 시안 그대로 멋지게 탄생한 교회 승합차 구매 소식을 SNS에 알렸다. "부릉부릉! 첫인사 드립니다. 프로젝트를 시작한 지 76일 만에 기쁨이가 우리 교회 식구가 됐어요. 반갑다 기쁨아!" 그림 속에 있던 기쁨이는 그렇게 현실이 됐다.

교회 차 '기쁨이'

기쁨이는 6년 가까이 우리 교회와 선한친구들 사역의 발이 됐다.
170,000km가 넘게 전국을 누비며 작은 교회를 돕는 일에 함께했다.

마음속에 어떤 성공의 그림을 갖지 못한다면 이루어지는 것이 거의 없다.
대예술가, 문필가, 발명가같이 상상력이 발달한 사람들은 자기 뜻대로 영
상을 만들고 마음의 그림을 그리는 기술을 가졌다. 어떤 사람이라도 물질
이든 사건이든, 자기가 현실의 것으로 만들고 싶은 온갖 일들은 마음의 눈
에 먼저 그려야 한다.

― 클로드 브리스톨(Clause Bristol)의 말, 《고도원의 아침편지》 중 ―

다윗처럼 준비하기

개척한 지 2년이 지난 2015년 12월 무렵, 또다시 작은 그림을 그리기 시작했다. 교회가 임대한 건물을 매입하고 싶다는 꿈. 이곳이 교회로 존속되었으면 좋겠다는 당시로서는 무모했던 희망. 그도 그럴 것이, 재원 없는 교회에서 당시 3억 넘게 호가 되는 건물을 무슨 수로 마련한단 말인가. 그래도 불씨를 만들어 보고 싶었다. 그래서 시작한 것이 프로젝트 "다윗처럼"이다.

역대상 29장에 보면, 성전 건축 재료를 준비하는 다윗이 이런 말을 한다.

> 이 공사는 크도다 이 성전은 사람을 위한 것이 아니요 여호와 하나님을 위한 것이라 내가 이미 내 하나님의 성전을 위하여 힘을 다하여 준비하였나니 곧 기구를 만들 금과 은과 놋과 철과 나무와 또 마노와 가공할 검은 보석과 채석과 다른 모든 보석과 옥돌이 매우 많으며(대상 29:1-2)

다윗은 건축에 필요한 재료를 최선을 다해 준비했다. 그 재료들이 기초가 되어 솔로몬 시대에 성전이 완공되지 않았던가. 교회가 움직이지 않는 든든한 터가 되기 위해서는 먼저 재료 준비가 먼저라는 감동이 들었다. 결국 건물 매입을 위해서는 재원이 필요한 것 아닌가. 장년 성도 열다섯 정도 모이는 작은 교회, 삶의 형편도 고만고만한 지체들이 혹시라도 시험에 들지 않을까 조심스러웠지만, 나는 담대히 선포했다.

"다음 달 말일까지 한 달 기한으로 프로젝트 '다윗처럼'을 진행합니다. 교회 건물을 매입하기 위한 씨앗 헌금입니다. 몇 달 전 제가 교육청 강의를 통해 받은 강사료 100만 원을 먼저 드렸었지요. 이후 오늘까지 성도님들이 마음을 모아 주셔서 200만 원 가까이 모였습니다. 프로젝트 기간 동안 최종 목표액은 1,000만 원이에요. '가능할까?' 하는 생각도 들지만, 꿈을 꾸겠습니다. 부담 갖지 마시고 할 수 있는 만큼만 동참해 주세요. 우리 교회가 과연 다음 단계로 도약할 수 있는 힘을 가지고 있는지 테스팅 해 보는 프로젝트입니다."

건축위원장으로 역할을 하던 조수현 집사님이 프로젝트를 시작한 지 사흘쯤 뒤 100만 원을 들고 나타나셨다.

"아니 집사님, 갑자기 어떻게 마련하셨어요?"

"살다 보니 이런 일도 있네요. 몇 년 전에 지인이 추천해서 주식을 좀 사놓은 게 있었거든요. 이게 폭락을 해서 쳐다보지도 않고 있었어요.

그런데 어제 우연히 체크를 했는데 세상에 원금을 회복한 거 있죠!
두 번 생각도 않고 바로 매도해 버렸습니다. 감사해서 가만있을 수 없
더라고요. 저부터 프로젝트 동참합니다.”

조 집사님을 시작으로 한 명 두 명 성도들의 동참이 이어졌다. 정말
형편대로 십시일반 정성껏 마음을 드렸다. 한 달 동안 조용히 계시던
고수연 집사님이 마감 사흘 전 환한 웃음을 머금고 수요 예배에 나오
셨다.

“프로젝트 시작하고 나서 헌금을 얼마나 올려야 할까 기도했었거든
요. 좀 부담되긴 했는데, 그래도 감동 주신 대로 순종합니다.”

고 집사님이 드린 200만 원이 프로젝트 “다윗처럼”을 완성하는 마지
막 퍼즐이 되었다. 믿기지 않았다. 이 작은 공동체에서 한 달 만에 교
회 건축의 씨앗이 될 1,000만 원을 마련하다니!

하지만 이건 시작에 불과했다. 하나님께서는 다음 장의 그림을 주시
고, 또다시 나를 격려하기 시작하셨다.

너희가 내 안에 거하고 내 말이 너희 안에 거하면 무엇이든지 원하는 대
로 구하라 그리하면 이루리라 (요 15:7)

쇠가 달았을 때 다듬어라

"쇠가 달았을 때 다듬어라." 루마니아 속담이다. 차디찬 쇠를 아무리 두드린다 해도 원하는 모양으로 만들 수 없다. 뜨거운 불 속에서 달구어진 시뻘겋게 변한 쇳덩이라야 새로운 형태로 탈바꿈시킬 수 있다. 신앙도 마찬가지 같다. 차디찬 마음, 미지근한 믿음으로 하나님께서 원하시는 열매를 거둘 수 없다. 하나님께서도 그런 이들을 사용하시지 않는다. 성경 속에서 긍정형으로 사용된 인물들은 하나같이 뜨거운 이들이 많았다. 뜨거운 믿음으로, 물러서지 않는 용기를 가지고, 죽음을 불사하며 신앙의 모델이 된 이들이 얼마나 많던가. 노아, 다니엘, 에스더, 엘리야, 바울…. 어찌 다 열거할 수 있으랴.

프로젝트 "다윗처럼"의 완성은 교회에 뜨거움을 선물했다. 하지만 아직 쇠가 달아오를 만큼은 아니었다. 이 뜨거움이 사라지기 전에 믿음의 온도를 더 높여야 한다는 생각이 차올랐다. 주께 기도하며 동계 비전 캠프를 계획했다. 프로젝트 "다윗처럼"이 끝난 한 달 뒤, 1박 2일의 부흥 집회를 열었다. 2016년 2월의 마지막 토요일 저녁, "복음을 행하라"라는 주제로 2시간여 말씀을 직접 전했다. 짧은 주일 설교만으로 전하지 못했던 교회의 비전을 허심탄회하게 나누었다. 찬양 시간부터 열기가 가득했다. 우리 모두는 마음을 열고 울고 웃었다.

그리고 이어진 영성 프로그램, '내 삶의 유언장'. 우리는 언젠가 하나님께서 부르시면 떠나가야 할 유한한 인생 아니던가. 오늘이 삶의 마지막 날이라고 가정하고서 가장 사랑하는 사람에게 유언장(마지막 편지)을 작성해 보라고 요청했다. 20분 이상 충분하게 시간을 배려하고 삶을 되돌아볼 수 있도록 했다. 그 시간, 주께서 회개의 영을 강력하게 부으셨다. 얼마 지나지 않아 여기저기에서 훌쩍이는 소리가 들리고 연신 눈물을 닦느라 바빴다.

> "이제, 지금까지 준비하신 내 삶의 마지막 편지를 읽어 보는 시간을 갖겠습니다."

사랑하는 사람들에게, 즉 부모님께, 아내에게, 남편에게, 아이들에게 전하는 마지막 편지를 읽다가 모두 오열했다. 통곡하며 편지를 읽지 못하는 성도들도 여럿이었다. 모두의 편지에 공통된 말들, "사랑해", "정말 미안해". 그 시간 우리 모두는 인생에서 가장 중요한 것이 무엇인지 새삼 깨닫게 됐다. 내가 그토록 애지중지하던 세상의 것들이 허상이었음을, 남은 인생의 방향을 바꿔야 한다는 사실을….

교회 한 평 갖기 운동

사도 바울은 에베소서에서 이렇게 권면했다.

> 너희는 유혹의 욕심을 따라 썩어져 가는 구습을 따르는 옛 사람을 벗어
> 버리고 오직 너희의 심령이 새롭게 되어 하나님을 따라 의와 진리의 거룩
> 함으로 지으심을 받은 새 사람을 입으라(엡 4:22-24)

1박 2일간의 집회는 우리에게 세상의 욕심을 내려놓는 시간이 되었
다. 그 비워진 자리에 하나님을 정직하게 따르고자 하는 의와 진리와
거룩함을 쫓는 영성이 자리 잡기 시작했다.

주일 예배를 통해 교회 한 평 갖기 운동을 담대하게 선포했다. 교회
가 실제 활용하고 있는 면적이 약 80평 정도였다. 한 평을 300만 원으
로 책정했다.

"저부터 헌신하겠습니다. 저와 아내, 두 아이 몫으로 네 평을 작정합
니다."

가진 것 없었지만 하나님 채워 주시리라 믿고 믿음으로 결단했다. 주

께 드린 약속을 지키기 위해 최선을 다했다. 외부 강의를 통해, 또는 이런저런 행사 기획들을 통해 주어지는 수익을 오롯이 건축을 위해 올려드렸다.

어쩌면 무모해 보이는 작은 교회의 도전이었지만, 이마저도 주께서 인도해 가셨다. 운동이 시작되는 그날, 건축위원장 조 집사님은 한 평을 올려드렸다. 게다가 사업을 하는 자신은 한 평은 아니라며 일주일간 기도하던 진상희 형제는 열 평을 작정해 약속을 지켜 냈다. 또한 신기한 일들도 일어났다. 7월쯤이었을 것이다. 세미나 중인데 아들 병일에게서 전화가 왔다.

"아빠, 나 돈을 주웠거든! 그런데 좀 많아."

"얼만데?"

"5만 원짜리가 100장이나 들었어."

"세상에! 그러면 주인 찾아 줘야지!"

"농협 봉투인데 아무 표시도 없어. 그래서 파출소에 가져다줬어."

시내에 놀러 갔다가 골목에서 주웠단다. 아들은 못된 생각 안 하고 정직하게 잘 처리했다. 몇 달 뒤 경찰서에서 연락이 왔다. 그 돈 주인을 찾지 못했다는 것이다. 그래서 돈을 주운 사람이 권리를 행사하게 되었다고 했다. 나라에 내는 세금 22%를 제외하고 돈을 찾아가라는 것이다. 390만 원이 거저 생겼다. 이 돈으로 뭐 했겠는가? 병일이 몫의 건축 헌금 300만 원을 올려드렸다. 나머지 돈이 남았다.

'주님, 어떻게 사용되길 바라세요?'

기도하다가 우연히 페이스북을 보는데, 아는 목사님의 글 하나가 보였다.

"찬양하면서 예배를 드리고 싶은데, 신디사이저가 필요합니다. 중고라도 좋으니 후원을 부탁합니다."

우리 교회 개척에 도전을 받았다며 개척했던 A교회였다. 흔쾌히 연락을 드리고서 신디사이저 한 대를 사 드렸다.

그러고 보니 교회 한 평 갖기 운동을 시작하면서 본격적으로 작은 교회를 돕기 시작했던 것 같다. 지금은 선한친구들 사역의 주축 멤버가 되신 K 목사님을 그때 만났다. 가까운 거리 상가에 자리 잡은 Y교회의 담임이셨다. 세상에, 교회에 가서 깜짝 놀랐다. 정말 작은 기타 앰프에 마이크 하나 연결해서 음향을 쓰고 계셨다.

'어떻게 이렇게 쓰시지?'

프로젝터는 밝기에 대비해 작은 스크린이라 효율이 떨어져 보였다.

"목사님, 제가 이거 교체해 드릴게요."

며칠 후 음향 시설을 새롭게 설치해 드렸다. 빔프로젝터 위치도 조정해 넓은 화면을 쓰실 수 있도록 했음은 물론이다. 그때의 인연이 지금까지 돈독한 사이로 이어졌다.

페친이었던 C 목사님 교회를 돕게 된 건 페이스북 때문이었다. 빈민 사역을 하시는 목사님이셨다. 폐지를 줍는 어르신들이 주축 성도인 교회가 지하 공간을 얻어 개척하신다는 것이다. 나도 어렵게 개척을 한 터라 마음이 쓰였다. 일면식도 없지만 전화를 드렸다.

"목사님, 혹시 방송 시설 설치 계획은 세우셨나요?"

"계획이요? 없지요. 보증금도 겨우 마련해서 들어가는데, 인테리어나 성구는 엄두가 안 나서요."

"그럼 제가 해 드릴게요. 마침 좋은 스피커와 앰프를 가지고 있는 게 있어요. 빔프로젝터는 사용하시기에 적당한 거로 하나 구입해서 가 겠습니다."

서울 관악구에 있는 교회에 달려가 약속을 지켰다. 지금도 가끔 내게 연락을 하셔서 그때 참 감사했다고, 정말 큰 힘이 되었다고 말씀하시는 C 목사님은 해외 선교사님을 돕고 지역의 빈민들을 섬기며 역동적으로 목회를 하고 계신다.

전주 M교회는 절친한 후배가 개척한 곳이다. 뭐가 필요할까 생각하다가 인테리어 필름 공사가 떠올랐다. 인테리어에 가성비가 높은 아이템이다. 문이든 가구든 웬만한 건 완전 색감이 바뀌어 고급스러워진다. 장의자를 밝은 톤으로 리뉴얼했다. 어두운 색감의 예배실이 화사해졌다. 강단 공사가 잘못되어 내려앉는다는 말에 보수할 수 있도록 재정도 지원했다.

장소를 가리지 않고 도움이 필요한 작은 교회를 돕는 사역은 성도들에게 새로운 자부심을 갖게 했다. 우리는 손을 펴는 교회라는 자긍심이 보였다. 다른 교회를 지원하고 섬기면서 지출은 늘어 가는데, 신기하게 건축 헌금은 차곡차곡 쌓여 갔다. 교회 한 평 갖기 운동을 시작하고 10개월 만에 5천만 원이 넘는 재원이 모였다.

> 누구든지 너희가 그리스도에게 속한 자라 하여 물 한 그릇이라도 주면 내가 진실로 너희에게 이르노니 그가 결코 상을 잃지 않으리라(막 9:41)

10분의 1은 나눕시다

2017년, 새해가 밝았다. 새해 새 마음으로 주께 기도하는데 감동을 주셨다.

> '그래, 맞아. 이 짧은 시간에 우리 교회에 건축 헌금을 부어 주신 건 우리만을 위해 쓰라는 게 아니야. 나누자!'

마치 십일조를 드리는 것처럼, 건축 헌금의 10분의 1은 작은 교회를 위해 헌신하고 싶었다. 감동을 그대로 성도들에게 전했다.

> "현재까지 모인 5,000만 원 중의 10%는 하나님께 다시 올려 드립시

다. 지난번 방문한 구례 월전교회를 먼저 도왔으면 해요. 예배실 마루가 주저앉아 위험한 곳이 있답니다. 보수했으면 하시는데, 시골 교회라 재정이 없어요. 제가 보니 교회 창문 커튼도 새로 교체해야 할 듯해요. '쥐'라는 녀석이 커튼을 갉아 먹어서 이리저리 찢겨 있더라고요. 블라인드를 설치하면 깔끔해질 겁니다."

우리 교회 사정도 빤했지만, 더 어려운 시골 교회가 눈에 밟히는데 어쩌랴. 도와야 할 것 아닌가. 나는 모두가 기뻐할 줄 알았다. 그런데 예상 밖의 반응도 있었다. 몇몇 집사님들이 시큰둥했다. 나중에 말을 들어 보니 대체로 이런 말이었다.

"우리 교회 건축하려고 피땀 흘려 헌금했는데, 왜 다른 교회에 쓰는 거죠?"

"왜 목사님 마음대로 '돕는다, 안 돕는다' 결정해서 통보를 하죠?"

좀 당황스러웠다. 고민도 됐다. 그 마음이야 물론 이해하지만 그렇다고 뒤로 물러설 수는 없었다. 하나님께서 어느 쪽을 기뻐하실지 빤히 알기에, 사람 눈치를 보기는 싫었다.

설 연휴가 시작된 첫날, 칼바람이 부는 추위를 가르며 월전교회에 도착했다. 흔들리는 마루판을 뜯어 내니 원인을 알 수 있었다. 마루를 지탱하던 기둥이 어긋나 떨어져 나가 있는 게 아닌가. 이대로 계속 사용했으면 깨져서 위험할 뻔했다. 새로 기둥을 대고 위 판은 가져간 나무로 갈아 끼웠다. 심의춘 장로님은 맥가이버처럼 뚝딱뚝딱 원인을 파악하고 일을 마무리했다. 블라인드는 광주의 전문 업체에 의뢰해 처리했다. 교회 벽면과 어울릴 만한 컬러를 골라 주문했더니 교회 분위기가 확연히 바뀌었다. 그 소식을 전했던 SNS 기록에는 당시의 기쁨이 묻어 나온다.

> "월전교회는 1922년에 세워진 올해 96년 된 교회입니다. 구례군에서도 손꼽힐 정도로 역사가 있는 교회지요. 그 교회를 도우라고 이제 세 살 먹은 우리 교회를 사용하시는 하나님의 섭리에 감격합니다."

10%의 건축 헌금을 나누자는 제안과 더불어 공식적으로 '작은 교회 돕기' 사역의 목표도 정했다.

구례 월전교회 블라인드 설치 후

"우리 올해 열 교회를 도웁시다!"

세 살 먹은 교회치고는 당찬 포부가 아닌가! 걸음마도 시원찮은 교회가 내 손 잡으라고 나선 셈이다. 그런데 이 어설퍼 보이는 작은 교회의 비전을 하나님은 주목하고 계셨다. 그해 정말 열 교회를 도울 수 있었다. 이뿐이랴. 사역의 지경이 넓어지기 시작했다. 한동안은 방송 설비 지원이나 간단한 내부 리뉴얼 정도로 사역했다면, 이제 인테리어나 건축 분야까지 활동 반경을 넓혀 주신 것이다. 10분의 1을 하나님께 올려드리며 작은 교회에 나누었지만, 그 씨앗은 다시 우리 교회의 재정적인 복으로 연결됐다. 더 놀라운 것은 이웃 교회를 위해 헌신했더니 우리 교회의 소원을 이루어 주신 것이다. 인간적인 계산법으로는 해답이 나오지 않는 일들이 이어졌다.

우리 교회 인테리어 해 주세요

따스한 봄의 햇살이 대지를 감쌀 때, 신대원 동문인 이일권 목사님이 전화를 주셨다.

"문 목사님, 이제 더 미룰 수 없을 것 같아요. 개척하려고요. 그동안 나주 혁신 도시를 품고 기도하고 있었거든요. 계약 마쳤습니다. 40평 정도 되는 상가 3층이에요. 인테리어가 문제인데… 그냥 기쁘고즐거운교회처럼 따스한 분위기면 돼요. 그렇게 알아서 해 주세요. 사실 지금 여러 가지로 힘든 일이 겹쳐서 제가 현장에 자주 가 볼 수도 없는 상황이거든요. 문 목사님만 믿습니다."

갑작스러운 숙제 앞에 좀 멍했다. 그 당시 난 전문적인 인테리어를 해 본 경험이 없었다. 그저 개척한 교회를 직접 페인팅하고 이리저리 나름 꾸미고 고치고 상황에 맞게 가꿔 온 것이 전부인데, 그런 나를 훤히 아시면서도 일을 맡겨 주시는 이 목사님을 생각하니 막중한 책임감이 밤잠을 설치게 했다.

'그래, 까짓거 한번 도전해 보자. 좋은 경험이 될 거야. 작은 교회를 돕는 데도 필수적인 재능일 텐데…'

역시 난 긍정형이었다. 몰라도 일단 부딪히기! 공부하면서 도전하기!

박종철 선생에게 공간 구성에 대한 도면 설계를 부탁했다. 익산 문화재단에서 맺어진 깊은 인연으로 삶의 희노애락을 함께한 절친한 사람. 홍대 건축과 출신 재원이다. 그는 목양실과 예배실을 벽으로 나누고 방송실 부스와 탕비실 공간은 낮은 파티션(partition)으로 구성하는 기본 안을 하루 만에 들고 나타났다.

계획 도면을 들고 심의춘 장로님께 SOS를 쳤다. 건축 분야에 달란트가 많으신 분이 아닌가. 역시 전문 팀이 바로 연결됐다. 목공 팀 반장님은 40년 넘게 현장에서 일해 오신 베테랑! 일하는 속도가 번개 같았다. 뚝딱뚝딱 뼈대가 금방 서고 문이 달렸다. 편백과 흡음 재질의 마감재가 만나니 예배실다운 색감이 드러났다. 전기 조명 공사도 일사천리였다.

업체를 운영하시는 집사님을 소개받았다. 등기구 배치 계획을 설명해 드렸다.

"따스한 빛이었으면 좋겠어요. 중앙은 전구색으로, 사이드는 밝게 주광색으로…. 앞쪽에는 기도 등으로 스팟(spot)이 필요하고요. 좌우 전면에는 레일 등을 달죠. 설교자와 반주자를 집중할 수 있도록…. 아, 그리고 목양실 옆 유리창 앞 테이블 있죠? 거긴 카페 등 달 거예요. 차 한잔하면서 휴식하는 공간으로 쓸 거예요."

방송 시설은 우리에게 걱정 없는 분야가 아닌가. 우리 교회 조성영 집사님과 손발을 맞춰 가성비 높은 시스템 설비를 맞춰 드렸다. 대형 스크린에 공간을 꽉 채우는 음량이 만족스러웠다. 성구도 여러 루트를 통해 자료 조사를 하고 준비했다. 강대상과 헌금함은 공간에 맞는 소형으로 개인용 예배 의자는 전체적인 컬러에 맞게 브라운 톤으로 세팅했다. 옥외 광고와 실내에 거치할 베너형 현수막까지 설치 완료. 이렇게, 작은 교회 개척을 위한 인테리어 전 과정을 경험했다.

위기 속에 기회가 있다

교회 한 평 갖기 운동이 중단 없이 계속되었고, 작은 교회를 돕는 사역이 영역을 넓힐 때쯤 교회에 위기가 찾아왔다. 모든 성도의 마음이 하나는 아니었나 보다. 2017년 상반기까지 약 반년 동안 장년 성도 열두 명이 이런저런 이유로 교회를 떠났다. 생각해 보시라. 작은 교회에서 장년 성도 절반 이상이 쑥 빠져나가니 그 모양새가 어떠했겠는가? 노골적으로 불만을 표시한 사람들도 있었고, 유언비어 같은 말에 휩쓸리는 이들도 보였다. 안타까운 것은 나름 중요한 직책에 있었고 역할을 잘 감당했던 이들이 싸늘하고 매몰차게 교회를 등지는 모습이었다. 마음이 무너지는 듯했고, 하나님 앞에서 참 많이 울었다. 남아 있는 열 명도 안 되는 집사님들이라고 왜 영향이 없었겠는가?

위태위태한 나날이 이어지는 2017년이었다.

하지만 위기 속에 기회가 있다고들 하지 않던가? 정말 그랬다. 2017년 초부터 틈틈이 교회가 안착하기에 적합한 건물을 검색하면서 정보를 수집하기 시작했다. 재원이 갖춰져 있지는 않았지만, 언제 적합한 공간을 만날지 모르니 안목을 넓히고 싶었다. 교회가 임대하고 있는 건물을 매입하고 싶은 꿈이 있어 여러 번 건물주 집사님께 이야기를 건넸지만 요지부동이었다. 하기야 교회 앞길 건너편에 1500세대 아파트 단지가 들어선다는데 누가 건물을 팔겠는가.

그해 무더위가 정점이던 8월 9일, 습관처럼 사랑방신문 사이트에 접속했다. 상가 주택란을 살펴보는 중에 처음 보는 건물이 눈에 띄었다. 운암동에 있는 지하부터 4층까지의 건물인데 매매가가 저렴했다. 아, 물론 당시 우리 교회가 감당하기에는 무리가 따르는 금액임은 분명했다. 하지만 호기심이 발동했다. 눈으로 확인하자는 판단에 즉시 전화를 걸었다. 지역의 부동산 업체 한 곳에서 거간을 하는 중이었다.

"내가 잘 아는 동생이 가지고 있는 건물인데, 좀 오래됐지만 참 좋아요. 건물도 깨끗하고…. 그 동생이 직접 지어서 지금까지 30년 넘게 관리하면서 산 거예요. 하자 없는 좋은 물건이죠."

운암동 동운 고가도로 아래 대로변에 있는 한 건물을 그날 처음 만났다. 시간의 흔적이 곳곳에 보이는 누르스름한 외벽 타일. 중고 세탁기며 에어컨으로 꽉 들어찬 1층(중고 물품 가게였다). 간판은 '술이 고픈 사람들이 좋아하는 아지트'니 과거에 술집도 있었던 곳. 지하에서 25년간 영업하고서 지금은 철수한 이발소의 회전 간판. 지역 아동 센터를 운영했었다는 2~3층의 어질러진 집기들. 집주인이 산다는 4층 주택의 오래된 목조 인테리어. 지금도 생생한 그날 기억의 파편이다.

2017년 8월, 처음 만난 상가 건물

그리고 또 하나의 장면이 내 마음속 캔버스에 그려졌다. 새롭게 리뉴얼 되어서 변화된 교회 건물의 모습들. 각 층이 어떤 용도로 사용되면 좋을지 아이디어가 떠오르는데, 정말 이 뛰는 가슴을 무엇으로 표현하랴. 직감적으로 이곳이라는 확신이 차올랐다.

다음 날 새벽 예배를 마치자마자 다시 건물을 찾았다. 2층으로 올라가는 계단 벽에 손을 얹고 간절히 기도했다.

"주님, 이곳이지요? 가슴이 또 뜁니다. 하지만 넘기 힘들어 보이는 벽들이 있네요. 재정도 턱없이 부족합니다. 성도들도 많이 떠나 동역하는 이들도 적네요. 하지만 늘 그랬듯 낙망치 않고 기도합니다. 사람의 능력이 아니라 하나님께서 이루실 놀라운 일들을 기대합니다."

기도하고 나니 새 힘이 솟았다. 내려오려는데 벽에 걸려 있는 달마도가 눈에 띄었다. 나는 그 액자를 향해 나지막하게 협박(?)했다.

"너, 각오하고 있어. 내가 곧 떼 줄게!"

두 주먹을 불끈 쥐었다.

인테리어는 제가 책임질 테니,
중도금만 넣어 주세요

주일 오후 전체 제직회를 소집했다.

> "인테리어는 제가 책임집니다. 집사님들 10원 한 장 보태라고 하지
> 않을게요. 어떻게든 제가 나서서 처리하겠습니다."

5층 건물의 인테리어와 익스테리어에는 1억 이상이 들어갈 상황이었
지만, 나는 담대하게 외쳤다. 누가 보면 "뻥치시네!"라고 말해도 거짓
말처럼 들리지 않을 말이 아니던가. 뭐 가진 것 있다고 그렇게 큰소
리를 쳤는지…. 하지만 내 안에는 정말 티끌만큼의 의심도 없었다. 하
나님께서 처리해 주신다는 확신이 가득했으니 지금 생각해도 참 놀
라운 일이다.

문제는 건물 매입에 필요한 중도금이었다. 초도 자금은 교회에서 준
비한 건축 헌금 약 7,000만 원이 있었으니 추진할 만했다. 세 달 안에
1억 정도를 마련해서 중도금을 넣어야 잔금을 융자 처리해서 매입할
수 있는 상황이었다.

"중도금만 책임져 주세요. 무리한 부탁이라는 거, 잘 압니다. 하지만 집사님들도 다 둘러보셨잖아요. 이 가격에 이만한 건물, 광주 시내에서 찾기 힘듭니다. 우리 교회에서 펼치는 다양한 사역과도 딱 들어맞아요."

잠시 침묵이 흘렀다. 그리고 진상희 집사님이 차분하게 입을 열었다.

"사실, 여러 가지 힘든 상황이 있습니다. 하지만 목사님이 가신다는데, 따라가야죠. 제가 할 수 있는 일을 하겠습니다."

눈시울이 뜨거워졌다.

"좋아요. 목사님. 한번 해 봐요."

고수연 집사님도 활짝 미소를 지으며 힘을 실었다. 어느 누구도 반대하지 않았다.

신실한 동역자들은 당신들이 뱉은 말을 책임지기 시작했다. 진 집사님은 생각지 않은 MRI 한 대를 팔았다며 전 성도 이름으로 2,000만 원을 헌금했다. 얼마 있다가는 자금을 좀 융통했다며 5,000만 원을 기꺼이 드렸다. 고 집사님으로부터 연락이 왔다.

"목사님, 고민 많으시죠? 저도 동참해야지 하면서 좀 늦었네요. 당장 쥐고 있는 자금은 없어서 보험 대출을 받았어요. 오래 들어 놓은 거라 금액이 좀 나오네요. 2,000만 원 하나님께 드릴게요."

그 모습을 지켜보던 성도들도 역량껏 동참했다. 11월 말, 건물을 만난 지 100일이 좀 지나 모든 자금을 다 치르고 교회 앞으로 등기 이전까지 마쳤다. 제로에서 출발한 교회가, 그 미약한 교회가 또다시 기적을 만났다.

> 여호와는 죽이기도 하시고 살리기도 하시며 스올에 내리게도 하시고 거기에서 올리기도 하시는도다 여호와는 가난하게도 하시고 부하게도 하시며 낮추기도 하시고 높이기도 하시는도다(삼상 2:6-7)

내 생각은 너희의 생각과 다르며

제직 회의를 통해 교회 이전이 결정되고 난 후, 나는 기본적인 인테리어 계획을 구상하기 시작했다. 각 층의 활용 계획을 한눈에 알아볼 수 있는 그림 한 장이 필요했다. 전문적인 스타일의 조감도까지는 아니더라도 한눈에 이해할 수 있는 그림 말이다. 거래하는 광고사에 연락했다.

> "제가 연필로 스케치한 거예요. 이대로 디자인해 주시면 됩니다. 층별 안내에 들어가는 예시 사진도 보냈으니, 그거 활용하시면 돼요."

완성된 파일은 흡족했다. 곧바로 2m 걸개 현수막을 만들어 예배실에 내걸었다. 날마다 그 그림을 바라보며 하나님께 기도했다.

> "하나님, 예배당을 고치고 공사하기 위해 준비된 자금도 없고, 인력도 없습니다. 하지만 꿈꾸고 싶어 이렇게 비전을 그렸습니다. 이루어 주세요. 도와주세요."

매일 아침이면 아내와 함께 이전할 건물을 방문했다. 현장 기도회다. 자금이 없기에 언제 어디서부터 어떻게 리모델링이 시작될지 알 수 없었지만, 변화될 미래를 계속 상상하며 뜨겁게 간절히 구했다. 기도 자체는 무능하나, 하나님께서는 기도의 무능을 통해 전지전능의 역사를 일으키심을 믿기에….

9월 어느 날, 도서관에서 설교 준비를 마치고 나오며 차에 올랐다. 항상 고정되어 있는 채널 극동방송. 귀에 익은 목소리가 들린다. "홍 장로가 간다!" 수많은 영혼을 구원하기 위해 동분서주하는 귀한 전도자 홍공숙 장로님이 생방 중이셨다. 곧바로 방송국으로 차를 몰았다. 방송이 끝나기를 기다려 장로님을 만났다. 반갑게 맞아 주시는 장로님께 기쁜 소식부터 먼저 알렸다.

"장로님, 이번에 운암동에 있는 5층 건물을 교회가 매입하게 됐습니다."

"어머나 세상에! 어떻게 이런 일이 있어요. 이제 개척한 지 몇 년 됐다고…. 할렐루야!"

"그런데 장로님, 고민이 있습니다. 인테리어를 해야 하는데 방법이 보이질 않네요. 염치없지만 부탁드리려고 왔어요. 진아건설에서 아파트 짓잖아요. (부군 조청환 집사님이 그곳 회장.) 공사하고 여분으로 남는 자재들이 있을 건데, 그것 좀 지원해 주시면 해서요. 재료만 공급되면 저희가 직접 시공하면서 손수 꾸며 보려고요. 도배지도 좋고, 장판도 좋고, 타일도 좋아요. 어떤 것이든 다 유용할 것 같습니다."

진심이었다. 그리고 내 내면의 그릇은 거기까지였다. 그렇게 건설사에서 건축 재료만 지원이 되어도, 기가 막힌 일 아닌가!

"목사님, 어떤 계획이 있으신데요?"

장로님의 물음에 지하부터 4층까지, 전 층에 대한 계획을 빠르게 설명드렸다. 그리고 말을 이었다.

"한 장에 이 계획을 정리해 놓은 그림이 있습니다."

장로님의 눈이 반짝였다.

"오, 그것 좀 보내 주세요."

휴대폰으로 교회 리모델링 계획을 바라보던 장로님은 확신에 찬 어조로 말씀하셨다.

"목사님, 이건 진아에서 해야겠네요. 사실 요즘 기도 중이었거든요.
이번에 회사에 중요한 프로젝트 입찰 건이 있어요. 하나님께 기도하
며 늘 그랬듯이 이번에 무엇을 먼저 올려 드릴까 생각 중이었죠. 감동
이 됩니다. 제가 조 회장님께 이야기해 볼게요."

나는 너무 놀라 입만 벌린 채 아무 말도 하지 못했다. 심장이 두방망
이질했다. 마치 꿈같은 이야기.

'이게 진짜야? 리모델링을 다 해 주신다고? 5층 전체를?'

눈시울이 붉어졌다. 하나님께서 이렇게 이야기하시는 듯했다.

'네 계획하고는 다르지? 걱정 말고 나만 믿고 따라와!'

이는 내 생각이 너희의 생각과 다르며 내 길은 너희의 길과 다름이니라
여호와의 말씀이니라 이는 하늘이 땅보다 높음같이 내 길은 너희의 길보
다 높으며 내 생각은 너희의 생각보다 높음이니라(사 55:8-9)

기쁘고즐거운교회 이전 프로젝트

정말 빨간 교회가 됐네

홍 장로님을 만나고 얼마 지나지 않아 진아건설에서 지원 결정이 내려졌다. 실무를 담당하는 회사 전무님은 이런 방안을 제시했다.

"목사님이 교회 인테리어에 경험이 있으시니 직영을 하시는 게 좋겠습니다. 필요한 자금은 범위 안에서 회사에서 지원하고요."

나도 가장 좋은 방법이라고 생각했다. 먼저는 목회 방향과 건물 활용도에 맞게 디자인을 할 수 있다. 또 시공을 직접 한다면, 그동안 경험하지 못한 노하우도 익힐 수 있는 절호의 기회가 아닌가.

'그래, 이건 작은 교회를 돕는 사역을 전문화하는 데 큰 보탬이 될 거야.'

곧바로 세부적인 공간 계획을 구상했다. 마음 같아서는 전문적인 건축 캐드 프로그램을 이용하고 싶었지만, 다룰 수 없으니 그건 일단 포기. 초보적인 방법이지만 방안지(모눈종이)에 건물 축적에 맞는 평면도를 그리고서 계획을 정리했다.

'지하는 다섯 개의 방이 있는 문화 센터를 만들자. 그룹실과 개인 연습실이 있는 찬양 및 음악 연습이 가능한 공간. 벽면은 흡음과 방음 효과가 있는 마감재로 처리하는 거야. 1층은 북카페를 열자. 교회 식구들뿐 아니라 지역 사회에 자리매김하는 예쁜 소통의 자리가 될 거야. 2층은 지친 영혼들이 쉼을 얻고 기도하는 예배실! 목재는 물론이고 성구 조명까지 따스하고 포근한 분위기를 만들도록 하고, 방송 시설은 다채로운 문화 행사에 무리가 없는 시설을 비치하자. 3층은 기쁘고 즐거운작은도서관과 목양실을 배치하면 되겠어. 장서를 비치할 책꽂이 컬러도 공간에 맞게 그린과 오크로 나누어서 비치하고, 우리 가족이 살아갈 4층 사택은 3실의 아파트형 생활 공간으로 변신! 좋았어!'

이 기본 계획을 더 현실감 있게 보고 싶었다.

'3D 모델링을 해 보면 좋을 텐데….'

내가 못 한다면 전문가와 협업을 하면 될 일이었다. 재능 기부 사이트인 크몽을 통해 강원도에 계시는 건축 디자이너를 알게 됐다. 스케치업을 활용해서 만든 그의 디자인 스타일이 마음에 쏙 들었다. 광주에 초청했다.

건물을 둘러보며 실측을 하고 내가 정리해 둔 계획도를 건넸다. 며칠 후 아름답게 리뉴얼 된 교회의 모습을 생생하게 그린 3D 파일이 도착했다.

유난히 추웠던 그해 겨울, 50여 일간의 공정을 거쳐 3D 파일 속 그림은 현실이 되었다. 계획대로, 아니 더 아름답게 모든 실내 공간이 완성됐다. 실내가 마무리되고 외관 공사가 이어졌다. 블랙 톤 징크 판넬로 좌측면과 1층 전면을 마무리한 후 가장 면적이 넓은 2층에서 4층까지 페인트 공사만 남은 상황. 디자인 안에는 그레이 톤 페인트가 주조 색이 되어 있었다. 나름 블랙과 어울릴 거라는 생각이었고, 당연히 비슷한 색을 조색해서 페인팅하려고 계획했다.

페인트 대리점에 도착해 사장님께 디자인 안을 보여 드리며 맞는 색감을 찾아 조색을 부탁했다. 그런데 사장님이 고개를 갸웃거리며 이런 말을 건네셨다.

"이렇게 색을 조합하면 건물이 좀 약해 보여요. 좀 다른 색이 효과적일 텐데요."

의외의 말에 나는 조금 놀랐다.

"그래요, 사장님? 그러면 어떤 톤이 좋을까요?"

"붉은 계열이 어울리죠. 건물도 단단해 보이고 안정적이에요."

컬러 샘플 책까지 손에 쥐여 주며 권유하는 그분의 말이 예사롭지 않게 다가왔다. 결국 처음 계획을 수정하고 은은한 빛이 느껴지는 붉은색 페인트를 골라 시공하게 됐다. 외관 페인팅 공사가 최종 공정이었다. 결승점에 도착했다. 그 공정 마지막 날 흐뭇한 모습으로 건물을 바라보고 있는데, 아내가 툭 하고 한마디 던졌다.

"정말 빨간 교회가 됐네?"

그 말에 갑자기 옛 기억 한 자락이 떠오르며 온몸에 전율이 일었다.

2018년 1월, 교회 이전 건물 리모델링 후

2008년에 초등학교 친구였던 B를 전도한 일이 있다. 열심히 살았던 삶이었지만 세상살이가 어찌 쉽기만 하던가. 예기치 않은 풍파에 휘말려 거의 인생 저 밑바닥까지 떨어져 버린 친구 소식을 듣고 찾아가 복음을 전했었다. 주일이면 픽업해서 예배를 드리고 일부러 교회 사역도 함께 할 수 있도록 자리도 마련해 주었다. 회복을 위해 이모저모 정성을 다했다. 틈만 나면 밥을 사고 시시콜콜한 이야기도 나누며 외롭지 않도록 신경을 쓴 것이다. 그 마음을 아는 듯 친구는 어느새 밝아지고 새 삶을 용기 있게 살아가기 시작했다. 무엇보다 믿음이 깊어졌다. 말씀을 사모했고, 예배를 통해 신앙이 성장하는 모습이 보였다. 어느 날인가 대화를 하는데, B가 이런 이야기를 건넸다.

"경주야. 내가 이런 일이 거의 없는데 너무 생생해서…"

"무슨 일인데 그래?"

B는 입술을 혀로 한 번 축이며 어젯밤 꿈 이야기를 꺼냈다.

"꿈에 너하고 제수씨하고 함께 있었거든. 그런데 제수씨가 교회를 샀다고 너무 기뻐하는 거야. 그래서 교회를 쳐다보니까 빨간 교회당이 보이는 거 있지. 참 예쁘더라. 그런데 꿈이 너무 생생해. 제수씨 표정이며 그 교회 모습까지…. 뭐 지금 상황하고는 연결이 안 돼서 알 수는 없지만, 그래도 너한테는 이야기해야 할 것 같아서"

"그래, 왜 교회를 샀을까? 암튼 뭐 좋은 일이지. 사역 더 열심히 하라고 하나님께서 널 통해 이야기하시나 보다."

당시에 익산 문화재단 사무국장으로 시 주요 문화 사업을 총괄하고 있었다. 거기다 시의 대표 축제였던 서동축제 운영본부장까지 겸하고 있었던 시절이었으니, 사회활동이 나름 분주했던 때였다. 교회에서야 주요한 여러 사역을 감당하고 있었지만, 신학대학원에 입학하기도 전이니 교회를 샀다는 꿈은 도대체 해석 자체가 안 될 수밖에….

그때의 기억이 되살아났다. 아내는 그 친구 B의 간증을 또렷이 간직하고 있었다. 아내는 감격스러운 듯 건물을 올려다보며 다시 말했다.

"정말… 빨간 교회가 됐네! 진짜 빨간 교회를 샀어!"

작은 교회가 뭉쳐 '봉사' 큰손 됐다

전도서 기자는 협력의 중요성을 이렇게 교훈한다.

두 사람이 한 사람보다 나음은 그들이 수고함으로 좋은 상을 얻을 것임이라, 한 사람이면 패하겠거니와 두 사람이면 맞설 수 있나니 세 겹 줄은 쉽게 끊어지지 아니하느니라(전 4:9, 12).

이 말은 사람뿐 아니라 교회에도 그대로 적용될 수 있다. 한 교회보다 두 교회가 손을 맞잡는 게 낫다. 세 교회가 모이면 세 겹줄처럼 강한 힘이 나온다.

새 예배당 건물로 이전 작업이 진행될 때도, 리모델링 공정을 이어갈 때도, 작은 교회를 돕는 사역은 중단 없이 이어졌다. 나주 소망교회를 처음 리모델링한 이후 자연스럽게 입소문이 났다. 연이어 50평 규모의 주향한교회와 하늘뜻교회를 공간에 걸맞은 예배실로 탄생시켰다. 이윤을 생각하지 않고 실비 차원에서 접근하니, 당연히 비용은 다운됐지만 퀄리티는 높았다. 인테리어뿐 아니라 방송 설비 지원이나 성구 지원도 연결되는 대로 힘을 썼다. 그러다 보니 인연이 된 교회 목사님들과는 자연스레 끈끈한 우정이 생겨났다. 교단도 다르고 환경과 기질도 달랐지만 마음이 통했다. 어느새 서로의 사역을 돕고 응원하는 친구가 되어 갔다.

새 예배당 건물로 이전을 한 2018년, 난 한 단계 업그레이드된 연합 사역을 꿈꾸게 됐다. 작은 교회라고 늘 도움만 받는 게 아니라 얼마든지 의미 있는 사역을 함께 이루어 낼 수 있다는 이야기를 세상에 던지고 싶었다. 2017년 한 차례 경험이 있었던 '농촌 의료 봉사', 그 사이즈를 키워 기획을 시작했다. 그 행사에 친구 같은 작은 교회들이 동참했다. 우리는 정말 끊어지지 않는 세 겹 줄이 되었다. 참 행복했던 연합 사역의 추억이다. 그 당시 언론에서도 이 이례적인 의료 봉사 프로그램을 주목했다. 국민일보 미션 란을 통해 전국에 소개되었던 기사 내용을 아래에 옮겨 본다.

구례군 의료 봉사, 영양수액실 모습

【작은 교회가 뭉쳐 '봉사' 큰손 됐다】

_ 광주·전남 지역 5개 개척 교회가 연합해 의료 봉사를 펼친다.

광주 기쁨고즐거운교회와 월전·중산·안지·대연교회는 광복절인 15일 '장수 마을'로 유명한 전남 구례 문척 다목적 체육관에서 300여 명의 할아버지 할머니를 대상으로 의료 봉사를 갖는다. 여러 과목의 진료를 하고 문화 공연과 대체의학 서비스도 곁들인다. 개척 교회들이 힘을 모아 대형 교회 못지않은 의료 봉사를 하는 것은 이례적이다.

지난해에 이어 올해 두 번째인 의료 봉사 현장은 한마당 축제나 다름없다. 이들 교회 교인들과 자원봉사자들은 양방 진료, 대체의학, 식사·다과, 의료 봉사·행사 운영 지원 등 4개 분야에서 자신의 달란트를 발휘한다.

의료 봉사에는 서울 리드힐정형외과 강태환 원장과 전동병 원장 등이 척추·관절 진료를 맡는다. 조선대 치대 장현선 교수는 치아, 약대 이일권 교수는 약제를 책임지고 광주 월곡동 고려인마을 의료진료소 간호사 5명은 영양수액제를 주사한다. 사랑의손 힐링봉사단(대표 강경구 장로)은 왕뜸, 이뜸, 이혈, 각욕 등 대체의학 봉사를 담당한다. 오전 일찍 시작하는 의료 봉사는 점심 식사에 이어 문화 공연과 함께 복음을 전하는 행복 특강으로 이어진다. 40인치 TV와 선풍기 등도 선물한다.

이 같은 의료 봉사는 2013년 가정집 거실에서 교회를 개척한 문경주(49·사진)

목사의 결심과 헌신이 밑거름 되었다. 문 목사는 어려운 상황에도 다른 개척 교회를 돕고 시골 교회를 섬기는 사역에 열중해 왔다. 그동안 매년 10개 정도의 교회에 음향 영상 등의 방송 설비를 무료 설치해 주고 리모델링을 지원했다. 문 목사의 열정이 이어지면서 그동안 연대를 모색해 오던 개척 교회들이 의기투합했다.

지난해 기쁘고즐거운교회 교인인 ㈜하얀메디칼 대표 진상희 집사가 농촌 의료 선교를 해 보자고 제안한 것을 계기로, 의료진과 기업들이 잇따라 후원을 약속했다. 문 목사가 직·간접 도움을 주던 작은 개척 교회들도 동참해 80여 명의 사역 팀이 꾸려졌다.

의료 봉사단은 지난해 8월 처음 구례를 찾아 120여 명의 노인들에게 의료 봉사를 했다. 지난해 봉사자들은 새로운 삶의 기쁨을 체험했다며 올해 2차 의료 봉사를 결의했다. 의료진과 후원사들도 "여름 일정을 비워 놓았다"라며 먼저 손길을 내밀었다. 의료진들은 "도대체 문척에 언제 가느냐"라며 약품과 필요한 재정을 미리 보내기도 했다.

문 목사는 "하나님께서 앞서 행하신다는 것을 다시 깨닫게 됐다"라고 감사의 마음을 전했다. 그는 "열악한 재정, 소수의 성도, 작은 교회지만 더 작은 교회와 이웃을 위해 섬기고 나눴던 정성을 주께서 축복하셨다"라며 눈시울을 적셨다.

기쁘고즐거운교회도 큰 선물을 받았다. 교회 개척 4년여 만인 지난 1월 광주 운암동에 지하 1층, 지상 4층의 건물을 사들여 리모델링을 마치고 입당식을 가진 것. 문 목사는 "입당 예배는 온통 눈물바다였다"라면서 "정말 아무것도 없이 빈손뿐이었던 교회에 베풀어 주신 하나님의 선물이었다"라고 감격해했다.

문 목사는 얼마나 많은 신도가 모이고 충족한 재산을 가졌느냐가 아니라 '가진 달란트를 충성되게 나누고 확장하느냐'로 교회를 판단해야 한다고 말했다. 그는 "교회는 크든 작든 다른 교회와 이웃을 섬기고 나누며 복음을 살려 내야 할 소명이 있다"라고 말했다. 이어 "앞으로 20년 동안 최소 500개 교회를 도와 섬기고 500명 주의 일꾼을 길러낼 것"이라고 다짐했다.

광주 장선욱 기자

포기하지 않으면 일어나는 일

2019년 2월, 나주 혁신 도시 상가에 예배실을 인테리어 하는 중이었다. 유리창 너머로 공사 현장을 두리번거리던 한 분이 실내로 들어와

대뜸 반가운 목소리로 말을 건네셨다.

> "문 목사님이시죠? 와! 여기서 만나네요. 지난번 신대원 호남 모임
> 할 때 뵀습니다. 그때 특강 해 주셨던 게 참 인상적이었어요. 그렇지
> 않아도 한번 연락드리려고 했는데…"

그러고 보니 인사를 나누었던 게 생각났다. 광주의 한 고등학교에서
교편을 잡고 계시는 선생님. 신대원 2학기 차를 마치고 휴학 중이시
라고 했었다.

내 생각이 났던 이유는 상담이 필요한 전도사님 한 분 때문이라고 했
다. 교회를 개척하려고 하는데 몇 번 진행했던 일이 틀어져 버려 깊
은 상심에 빠진 상황이란다. 설명을 마치자마자 전화를 하더니 그분
을 현장으로 불러들였다.

안경 너머로 순박해 보이는 눈망울에 믿음이 비쳤다. 40대 중반의 늦
깎이 신학생, K 전도사님을 그렇게 갑작스레 만났다. 조용한 곳으로
자리를 옮겨 상황이 어떤지 먼저 물었다. 먼저 잠깐 들었던 대로다.
세 차례 정도 공간을 얻어 예배실을 꾸미려고 했지만 모두 이런저런
이유로 길이 막혀 버렸다. 자금도 없었다. 보증금이라도 있어야 하는
데 그것도 여의치 않아 보였다. 그러면 성도라도 있느냐? 없었다. 정

말 쌤(?) 개척을 생각하다가 이제는 거의 포기 상태였다. 사실 누군가 이분의 현실을 들었다면 십중팔구는 개척을 말렸을 터다. 뭐 하나 교회 개척을 위한 조건이 맞는 게 없어 보이니 말이다. 목사 안수를 받지도 않은 신대원생. 거기다가 개척 자금 한 푼 없고, 성도 한 명 없고, 가족끼리 예배를 드리려고 한다면, 이건 영 아니지 않은가?

그런데 K 전도사님의 그 모습 속에 6년 전 내 얼굴이 떠올랐다. 상황이 어찌 그리 똑같은지…. 정말 모든 것이 제로인 상태에서 개척해 여기까지 걸어온 내 삶이 파노라마처럼 선명히 그려졌다. 이것이 나 혼자만의 이야기일까? 아니지 않은가. 주께서 동행하신다면 얼마든지 역전과 승리의 스토리가 가능하지 않던가. 나는 가슴이 뜨거워졌다. 낙망하고 있는 그를 향해 희망을 전하고 싶었다. 내 첫마디!

"포기하지 마세요. 전도사님! 이 테스팅을 넘어서야 합니다."

연이어 기쁘고즐거운교회의 개척과 작은 교회를 도우며 여기까지 온 시간들을 불같이 전했다. 한 사람 마음속에 있는 믿음의 불은 옮겨붙는다.

"목사님! 정말 제 가슴이 뜨거워져요. 포기하지 않을게요. 계속 간구하면서 개척을 알아보겠습니다."

장소를 구하고 인테리어를 하게 될 상황이 오면, 어떤 방법을 쓰던 돕겠다고 굳게 약속을 하고서 다음 만남을 기약했다.

한 달쯤 지났을까? 반가운 연락이 왔다.

> "목사님, 구했습니다. 개척 장소! 보증금 2,000만 원도.다 해결됐어요. 생각지 않았던 분들이 나타나 도움을 주시네요."

신실하신 하나님께서는 일하고 계셨다. 곧바로 달려가 현장을 둘러보고 필요한 것들을 체크했다.

> 'K 전도사님과 했던 약속을 지켜야 한다.'

소망교회 이일권 목사님부터 찾아가 상황 설명을 드렸다.

> "뭘 도우면 될까요?"

> "전체적으로 도배를 하는 데 비용이 좀 들 것 같습니다."

> "좋아요. 목사님, 소망교회에서 지원하겠습니다."

음향 시설과 영상 시설은 우리 교회에서 맡았다. 작은 설교단도 하나 구입해 드리고, 보유하고 있던 신디사이저까지 세팅해 드렸다. 방송 공사를 거의 마칠 무렵 주향한교회 배기성 목사님이 전화를 주셨다.

"아우님, 좋은 일에 나도 끼워 줘. 이번에 장의자를 교체하게 됐거든. 지금 쓰고 있는 것 개척하는 교회에 지원하고 싶은데…"

"할렐루야! 주는 것 다 받습니다. 하하하!!"

개척에 필요한 것들이 모두 공급됐다. 그렇게 작은 교회 세 곳이 연합해 손을 폈고, H교회가 세워졌다.

2022년 1월, 개척한 지 3년 가까이 흐른 시기에 얼마 전 안수를 받으신 K 목사님을 만나 축하 인사를 건넸다. 그 자리에서 목사님은 놀라운 소식을 전하셨다.

"문 목사님, 이번에 상가를 저희가 매입하게 됐습니다."

"예에? 세상에, 어떻게 그래요! 상가 가격도 혁신 도시라 비쌀 텐데, 도대체 어떻게…"

따스한 차 한 모금을 들이킨 K 목사님은 기쁨에 찬 미소를 지으며 이야기하기 시작했다.

"얼마 전에 건물주에게서 전화가 왔어요. 상가를 빨리 처분해야 할 상황이 돼서 교회에 넘기고 싶다고요. 젊은 분인데 부동산 사업을 하거든요. 그런데 요즘 코로나 경기에 회사가 어렵고 부동산 정책이 변화돼서 세금 문제가 겹치나 봐요. 제안하는 조건 자체가 파격인 거예요. 여기를 2억 7천에 샀다네요. 융자가 1억 5천이 있고요. 그러니까 자기가 1억 2천 투자해서 산 거죠. 그런데 저희가 넣어 둔 임대 보증금 2,000만 원에다가 1,000만 원만 더 주면 교회에 명의이전 하겠다는 것입니다. 9천만 원 정도 깎아 주는 셈이죠."

"와! 그래서요. 그 이후에는?"

"목사님도 아시다시피 제가 당장 1,000만 원이 어디 있습니까? 참 답답하더라고요. 그래도 낙망하지 않고 기도했어요. 구체적으로 기도했죠. '하나님, 500만 원만 더 주고 계약하게 해 주세요. 그런데 그 돈도 없어요. 예비하신 누군가를 통해서 채워 주세요.' 저 참 바보 같죠, 목사님? 누굴 찾아가 부탁도 못 하고 그렇게 기도만 했어요."

기도하고서 며칠째 몇 년 동안 연락 한 번 없었던 한 집사님으로부터 정확히 500만 원 헌금이 들어왔단다. 건물주도 가격을 조정해 줬고 이후 기적처럼 상가 이전 계약을 잘 마쳤다.

정말 상상하기 어려운 일이 현실이 됐다. 포기하지 않고 하나님만 바라보며 '개척'이라는 좁은 길을 선택한 K 목사님께 사도 바울의 말처럼 선한 열매가 열렸다.

> 우리가 선을 행하되 낙심하지 말지니 포기하지 아니하면 때가 이르매 거
> 두리라(갈 6:9)

듀크 엘링턴(Duke Ellington)이 했다는 말도 떠오른다. 꿈이 있지만, 조건과 여건이 맞지 않아 다 포기하고 싶을 때 우리 마음에 새길 만한 말이다.

> 세상에는 단 두 가지의 법칙만이 존재한다. 첫째, 절대로 포기하지 말 것.
> 둘째, 첫 번째 법칙을 절대로 잊지 말 것.

선한친구들
이야기

작은 교회를 돕는 사람들
'선한친구들'이 태어나다

2019년 6월이었다. 방송 장비며 커피 머신이며 이모저모 지원을 해 드렸던 L 목사님에게서 연락이 왔다.

> "문 목사님, 제가 개척할 때 인연이 됐던 목사님이 한 분 계시는데요. 가정 예배를 1년 정도 드리셨다가 이번에 풍암동에서 개척을 하신답니다. 저도 전기 시설을 설치해 드리면서 돕고 있는데 상황이 너무 열악해서요. 혹시 도와주실 수 있을까요?"

뭐라고 마다하겠는가. 달려갔다. 참 착해 보이는 J 목사님과 사모님이 날 맞아 주셨다. 상가 2층, 알록달록한 벽면 쿠션이 본래 이곳이 아이들 뛰놀던 태권도장이었다고 외치고 있었다. 예배실로 꾸미려면 한두 곳 손볼 상황이 아니었다. 어떤 계획을 갖고 계신지 넌지시 물었다. 그런데 의외의 대답이 돌아왔다.

> "그냥 이대로 예배부터 드리려고요. 방석만 깔고서라도 시작하려고 합니다. 사실, 아내에게 예기치 못한 일이 생겨서… 인테리어나 다른 준비는 엄두가 안 나네요."

J 목사님은 이내 말꼬리를 흐렸다.

"무슨 일이요?"

고개를 드시는 목사님 눈가에 이슬이 비쳤다.

"으음… 얼마 전부터 몸이 안 좋았는데 그냥 지내다가는 안 되겠다 싶어서 검진을 받았거든요. 오늘 전대병원에 다녀왔는데요…. 자궁경부암이랍니다. 치료를 빨리 시작해야 한다고…."

얼마나 마음이 심란할까 미루어 짐작이 됐다. 개척을 준비하는 것도 이래저래 어깨가 무거울 텐데, 여기에다 아내의 암 발병 소식이라니…. 마음속에 잔잔히 주께서 주시는 음성이 차올랐다.

"네가 돕거라!"

거부할 수 없는 그 감동에, 나는 즉시 움직이기 시작했다. 도움을 주실 만한 분들을 개척 현장으로 모셨다. 그리고 교회의 현재 상황을 가감 없이 전했다. 그 자리에서 모든 필요가 다 정리됐다. 홍공숙 장로님은 교회 예배용 접의자와 친교를 위한 공간에 들어갈 카페 테이블과 집기를 지원하기로 하셨다.

이일권 목사님은 방송 시설 공사에 필요한 집기와 시공비를 맡아 주시겠다고 했고, ㈜에덴하우징 대표인 이경석 집사님은 도배 공사와 바닥재 보수 공사를 책임지시기로 했다. 처음 연락을 주셨던 L 목사님은 교회 전기 공사는 걱정하지 말라고 웃으셨다. 손재주가 많으신 김명구 목사님도 J 목사님과 인연이 있단다. 강단을 목재와 인테리어 블럭으로 멋지게 꾸미는 일을 도와달라고 부탁드렸다. 얼마의 시간이 흐르고 계획된 모든 단장을 마쳤다. 풍암동에 S교회가 굳건히 세웠졌다. 그즈음 J 목사님은 활짝 웃으며 이런 간증을 하셨다.

"암 세포가 확장되지 않고 멈춰 있답니다. 방사선도 할 필요가 없고,
일단 1년은 약물 치료만 하면서 보자고 하시네요."

그 후 5년여 흘러, 사모님은 완치 판정을 받았다.

S교회를 세우면서 자연스럽게 연합 사역에 대한 말들이 터지기 시작했다.

"문 목사님만 혼자 움직이지 말고 이제는 함께해요. 작은 교회 돕는
사역, 이제는 같이 갑시다."

"좋지요. 저야 도와주시면 천군만마죠."

때가 된 듯했다.

'그래, 좀 더 체계적으로 활동해 보자!'

단체명을 고민하다 '선한친구들'로 정했다. 선한 사마리아인의 비유가 모티브가 됐다. 어려움에 처한 이 시대 작은 교회를 돕는 선한 친구가 되고 싶었다. 단체의 지표가 될 성구는 신명기 말씀을 붙잡기로 했다.

> 너희 중에 분깃이나 기업이 없는 레위인과 네 성 중에 거류하는 객과 및 고아와 과부들이 와서 먹고 배부르게 하라 그리하면 네 하나님 여호와 께서 네 손으로 하는 범사에 네게 복을 주시리라(신 14:29)

2019년 8월의 마지막 날, 분깃과 기업이 없는 레위인처럼 가난과 연약한 삶을 안고 힘겹게 목회하는 작은 교회 목사님들을 위해 '선한친구들'이 한자리에 모였다. 나는 사역 계획을 전하며 '선한친구들의 비전'을 이렇게 선포했다.

> "세 가지 주요 사역 분야를 선정했습니다. 첫째는 '돕는 친구들'입니다. 작은 교회의 하드웨어적 필요를 공급하고자 합니다. 인테리어나 방송 설비, 성구 지원 같은 거죠. 둘째는 '알려 주는 친구들'입니다. 작

은 교회 목회에 필요한 다양한 소프트웨어적 지원을 하는 겁니다. 문화 사역이나 멀티미디어 활용 분야 또는 특화된 강점 사역 개발을 위한 세미나를 개최하려고요. 셋째는 '함께하는 친구들'입니다. 농어촌 의료 봉사나 연합 집회를 작은 교회들이 연합해서 개최하는 겁니다. 서로를 응원하는 '선한 식탁' 모임도 만들어서 지치지 않고 사역에 힘을 얻는 커뮤니티도 만들어 볼 계획이고요."

나는 잠시 말을 끊고 좌중을 둘러봤다. 그리고 목소리에 힘을 조금 더 보태 당차게 가시적인 목표를 제시했다.

"1년에 최소 30교회 돕는 것을 목표로 하겠습니다. 10년 내에 300~500개의 작은 교회에 직간접적인 도움을 드리는 거죠. 이왕 중장기 목표도 잡은 김에 가장 먼저 이루고 싶은 꿈 하나를 여러분과 공유할까 합니다."

뭘까? 궁금해하는 눈빛이 가득해질 때, 난 PPT 화면 한 장을 바꿔 띄웠다. 함평의 주택 옆 공터와 주택형 컨테이너, 그리고 현장에서 세 사람이 모여 기도하는 사진이 어우러진 화면이 선명히 드러났다.

"함평 임기원 목사님 댁에서 교회 설립을 위한 기도회를 가졌습니다. 아시죠? 광주 극동방송에 근무하시면서 입구에서 항상 미소로 우리를 반겨 주셨던 분, 이분이 안수를 받으시고 목사님이 되셨지요. 저에게 언젠가 부탁을 하셨어요. 집 창고를 개조해서 예배실을 꾸미고 싶으시다고요. 그래서 현장을 방문했는데 좀 아니다 싶었습니다. 그래서 제가 '농막이나 세컨 하우스로 쓰는 주택형 컨테이너를 활용해서 작은 예배당을 만들면 어떨까요?'라고 제안을 드렸죠. 임 목사님은 비용 때문에 엄두가 안 나신다 했지만, 저는 꿈이라도 꿔 보자고 웃으면서 말씀드렸습니다. 여기 보이는 컨테이너는 제가 광주의 한 업체에 있는 제품을 둘러보고 조사해 본 겁니다. 전시되어 있던 기간이 좀 된다고 300만 원 정도 저렴하게 주신답니다. 얼마냐고요? 딱 1,000만 원입니다."

가격을 말하자 조금 놀라는 듯 눈이 커지는 분들 모습도 보였다.

"컨테이너 교회 세우기를 선한친구들 제1호 프로젝트로 진행합니다. 물론 재원은 없습니다. 오늘 출발하는 선한친구들의 재정은 공식적으로 제로입니다. 하지만 언제나 그랬던 것처럼 하나님께서 이루실 놀라운 일들을 기대하며 비전을 선포합니다. 우리 함께 꿈을 꿉시다."

선한친구들 역시 제로에서 출발했다. 재정이 채워져 출발한 단체가 아니다. 사람이 넘쳐 나서 시작한 사역도 아니다. 그럼에도 이 시대에 힘겨워하는 작은 교회의 친구가 되자고 큰 꿈을 그렸다. 믿음은 바라는 것들의 실상이라고 하지 않았던가. 믿음 하나 가슴에 품고 선한친구들은 그렇게 탄생했다.

20년 후 당신은, 했던 일보다 하지 않았던 일로 인해 더 실망할 것이다. 그러므로 돛 줄을 던져라. 안전한 항구를 떠나 항해하라. 당신의 돛에 무역풍을 가득 담아라. 탐험하라. 꿈꾸라. 발견하라.

— 마크 트웨인(Mark Twain) —

좁은 길에 청개구리가 산다

선한친구들이 창립한다는 소식을 알리고 나서 광주 극동방송에서 연락이 왔다.

"목사님, 작은 교회 돕는 단체 창립하신다면서요. 출연하셔서 좋은 이야기 좀 전해 주세요. 이런 소식은 알려야죠."

창립 예배를 마치고 바로 이틀 뒤, 오전 인기 프로그램인 "사랑의 뜰 안"에 출연해 선한친구들이 태어난 이야기를 기쁘게 전했다. 함께 출연한 동역자들도 저마다의 간증을 쏟아 내면서, 왜 작은 교회를 살리는 사역이 필요한지 뜨거운 마음을 전파에 실었다.

방송 큐시트에 사역을 이끄는 대표인 내게 전하는 "러브레터"라는 순서가 있었다. 그 몫은 아내가 맡았다. 아직도 기억에 남는 대목이 있다. 편지 중 일부다.

문 목사님은 세상 사람들과 반대로 나가는 청개구리 스타일이었어요. 교회에 뜻하지 않았던 일이 터지고, 경제적으로 힘든 일이 있을 때면 더욱 나서서 어려운 개척 교회를 돕는 모습을 보면서 처음에는 이해할 수 없었습니다. 저희 가정도 어려워서, 아이들은 아르바이트를 하면서 학업을 했고, 저 또한 교회를 운영하면서 틈을 이용해 아르바이트하고 있었기 때문입니다. 하지만 제가 힘든 내색이라도 하면 항상 변함없이 똑같이 하는 말, "감사하라"라는 말. 얄밉고 싫을 때가 많았습니다.

내가 생각해 봐도 정말 얄미울 만했다. 정말 청개구리가 맞다. 우리 교회도 없는 형편인데 이웃 교회로 퍼 나르고, 우리 식구들도 힘든데 그렇게 돕는다고 나서는 남편이 얼마나 야속했을까! 그 마음이 이제는 이해가 되고도 남는다. 하지만 왜 내가 청개구리처럼 사역하는지 그 이유를 아시는가? 그 해답 같은 일이 방송 이후에 벌어졌다.

방송을 월요일에 했으니 딱 이틀이 지나고서다. 수요기도회를 마치고 아내와 1층 카페에 앉아 있었다. 카페 문을 밀고 한 여성분이 들어오며 나를 향해 말씀하셨다.

"문 목사님이시죠?"

"네. 맞습니다. 안녕하세요. 어떻게 오셨어요?"

"엊그제 '사랑의 뜰안' 방송 들었거든요. 꼭 한번 목사님 교회에 와 보고 싶었는데, 이제야 오네요."

환하게 웃으시는 모습이 소녀 같았던 박영은 권사님과 그렇게 처음 만났다.

"목사님이 매일 진행하시는 '힐링 가스펠'도 오래 들었어요. 그런데 또 언제부터 그렇게 작은 교회를 돕게 되셨어요? 선한친구들 소식을 듣고 깨닫는 게 많았습니다."

권사님은 왜 작은 교회들이 살아나야 하는지 알게 됐노라고 고백했다. 기쁜 마음에 지금까지 하나님께서 어떻게 사역을 이끄셨는지 뜨겁게 간증을 전했다. 고개를 연신 끄덕이며 내 말을 경청하던 권사님이 갑자기 사역 계획을 물으셨다. 뭐 다른 계획이 있었겠는가?

"함평에 컨테이너로 교회를 하나 세우고 싶습니다."

"컨테이너요? 다섯 개 여섯 개 정도 컨테이너를 모아서 건축하는 건가요?"

에고, 역시 생각하는 사이즈가 달랐다.

"아니요. 권사님. 딱 하나만 있으면 됩니다. 그런데 주택형 컨테이너 있잖아요. 고급형이요. 집처럼 쓸 수 있는 거요. 7평 남짓 될 거예요. 그걸 단장해서 교회로 변신시키는 거죠. 그걸 계획 중이에요."

"얼마나 하는데요?"

"한 개 봐 놓은 게 있는데 좀 비싸요. 1,000만 원 정도 들어갑니다."

박 권사님 눈빛이 반짝였다. 일말의 기다림도 없이 바로 대답을 하셨다.

"목사님, 그거 제가 할게요. 1,000만 원 들여서 작은 교회 하나가 세워질 수 있다면 제가 해야지요."

그 순간 놀란 토끼 눈처럼 커져 버린 내 눈이 상상이 되는가? 하나님께서 일하시는 놀라운 방법에 또다시 감격한 순간이다.

박 권사님의 생각지 않은 헌신으로 함평 평강생명수교회가 세워졌다. 재원 한 푼 없던 상태에서, 1,000만 원을 들여 작은 교회를 세우고 싶다는 생각은 청개구리 같은 생각 아닌가? 앞뒤가 맞지 않는 생각이지 않은가? 그런데 기억하시라. 하나님께서는 그 청개구리처럼 움직이는 사람을 주목하신다. 주님의 피로 값 주고 사신 교회를 위해서라면 일반적인 세상의 이론과 정반대로 움직이는 이의 길을 여신다. 그 길은 좁고 협착한 길이다. 성경은 넓은 길이 아니라 좁은 길을 가라고 말한다. 혹시 이런 말 들어 보셨는지?

"청개구리는 좁은 길에 많이 산다."

예배당, 누구든 기도하고 싶어지는 곳

신대원 동문 목사님이 무조건 나에게 연락해서 만나 보라고 했다며, J 사모님이 연락을 주셨다. 2020년 3월, 경기도 부천에 있는 K교회를 찾았다. 낡은 건물 계단을 타고 올라가 만난 예배당의 모습은 17년 된 교회의 오늘을 말없이 설명했다. 군데군데 터져 있는 천정의 텍스, 세월의 흔적을 잔뜩 머금은 인조석 바닥, 어울리지 않게 측면에 비치된 다양한 색깔의 책장과 테이블, 어둡고 무거운 톤의 강단과 성구들까지….

인상이 참 선해 보이는 A 목사님 부부와 담소를 나누며 왜 이런 상황인지 짐작이 됐다. 지하에서 개척한 교회는 성도들이 모여들면서 나름 부흥했다고 한다. 매년 다양한 문화 사역과 집회, 지역 사회 섬김 활동을 이어 가며 10여 년 성장하던 교회는 성도들의 이탈로 내리막길을 걷기 시작했다. 그렇게 지내온 지 벌써 몇 년째….

지금은 청년 몇 명과 집사님 한 가정만 남은 상황, 교회가 동력을 잃어버리고 물결 흐르는 대로 그냥 표류하고 있다는 느낌이 들었다. J 사모님은 환경을 좀 바꾸고 싶은데 형편은 안 되고 고민만 하다가 연락을 했노라며 가벼운 미소를 지으셨다. 두 분을 향해 내 가슴의 뜨거움을 담아 이렇게 말씀드렸다.

"저는 어딜 가나 이런 말을 해요. 예배당은 어떤 느낌이어야 하나? 믿는 사람이든 안 믿는 사람이든 누구든 예배당 문을 열고 들어서면 곧바로 두 손을 모으고 기도하고 싶어지는 곳! 말 그대로 성령의 임재가 강하게 체험되는 공간이어야 한다는 거죠. 그런데 지금 이곳은 그런 느낌이 별로 없어요. 색감도 어둡고 빛도 차갑습니다. 성구나 집기들도 서로 어울리지 않아요. 또 보수가 필요한 곳도 많이 보이는데, 관리도 안 되는 것 같고요. 이걸 저만 알겠어요? 교회를 찾는 모든 이

가 안다는 겁니다. 변화가 필요합니다. 상황이 어렵다고 그냥 내버려

두면 늘 제자리일 거예요.”

목사님과 사모님은 그날 새로운 도전을 결심했다. 하지만 문제는 역

시 재원. 이것저것 다 모아도 800만 원 정도. 예상하는 비용보다 300

만 원 이상 부족했다. 그렇다고 멈출 수 있나. 또다시 네트워킹을 통

해 후원을 이끌어 냈다. 4월 마지막 주, 사흘을 예상하고 작업에 돌입

했다. 월요일 오후, 첫날 파손된 천정을 열심히 보수하고 있는데 전

화가 걸려 왔다. 요양 병원에 계신 아버지께서 위독하시다는 소식.

코로나로 면회도 힘든 상황이라 가족들도 한 명씩만 들어가 얼굴을

봐야 한단다. 마지막 인사를 하라는 통보. 고민에 빠진 나를 보고 이

구동성으로 주위 분들이 외쳤다.

“빨리 내려가 보세요. 여기는 걱정하지 말고.”

그런데 나는 역시 끝까지 불효자였다. 이런 기도를 드렸다.

“주님, 불신자로 살아온 아흔셋의 아버지를 이 막내가 세례를 베풀어

구원을 받게 하셨습니다. 이제 3년이 지나 천국으로 불러 가시려는

뜻을 기꺼이 받습니다. 하지만 지금은 아닙니다. 제게 맡겨 주신 사

역, 예배 처소를 아름답게 바꾸라는 명령을 다 마칠 때까지만 그 호흡

붙들어 주세요. 주님, 이틀의 시간이 더 필요합니다. 그리고 아버지 생의 마지막 시간, 이 막내가 지키고 싶습니다. 기도하며 천국 보내 드리고 싶습니다. 임종을 지키게 해 주세요. 그 은혜를 베풀어 주시옵 소서.''

불효자가 맞다. 말도 안 되는 고집이 맞다. 어떻게 그런 무모한 기도 를 드렸는지 지금도 죄스럽다.

결국 나는 이틀을 더 쉬지 않고 달렸다. 천정과 벽면은 페인팅을 통 해 따스한 컬러로 옷 입었다. 오래된 장의자와 어두운 강단은 인테리 어 필름 작업을 통해 환한 목재 무늬로 변신했다. 전등을 모두 교체 하니 포근한 빛이 예배실을 감쌌다. 대형 화면의 프로젝터를 설치하 고 이미용 사역을 하시는 사모님을 위해 전신 거울 세트까지 세팅해 드렸다. 정말 끝! 계획대로, 머물고 싶고 기도하고 싶은 예배 공간이 태어났다.

사역을 마친 늦은 밤, 부천에서 광주까지 날아가다시피 내달렸다. 아 버지는 실낱같은 호흡을 놓지 않고 계셨다. 아니, 주께서 그 호흡을 붙잡고 계셨다. 나는 병원에서 아버지 생의 마지막 시간을 함께했다. 다음 날 아침 햇살이 환해질 때, 맥박이 점점 느려지기 시작했다. 아 버지 머리에 손을 얹고 주께 영혼을 맡겨 드리며 간절히 기도했다.

그리고 아버지께 인사했다.

"아빠, 수고 많으셨어요. 열심히 살아오신 삶 존경해요. 사랑해요."

잠시 후, 내 눈물이 뺨을 타고 흐르며 바이털(vital) 체크기의 모든 실선이 수평이 되어 흘렀다.

몇 해가 지난 오늘, K교회는 잘 성장하고 있다. A 목사님은 기도의 영권을 받으셨다. 주께서 강권적으로 무릎을 꿇게 할 때면, 여덟 시간을 기도하신다고 한다. 찬양의 달란트가 있으신데 디지털 음반을 내고 위로가 필요한 곳에 찾아가 집회를 여신다. 사모님도 지역 섬김 사역을 활발히 펼치며 교회의 제2 도약을 위해 열심히 뛰신다. 예배실을 리모델링하니 목회자가 리모델링된다.

방치됐던 지하 100평 교회, 지역의 문화 거점이 되다

사역을 하다가 정말 이렇게 관리를 해도 되나 싶을 정도로 심각한(?) 상태의 예배당을 만나는 경우가 있다. 속초에서 만난 100평의 지하

교회가 그랬다. 서울에서 속초로 이사까지 하며 새롭게 사역을 시작하시는 박용환 목사님은 어디서부터 손을 대야 할지 모르겠다며 걱정이 많으셨다.

"전에 계시던 목사님이 거의 버려 두다시피 교회를 관리했어요."

정말 기존 예배당 관리가 너무 부실했다. 내려가는 주 출입구 벽면에서는 물이 계속 흘러내렸다. 출입구 강화 도어 하부는 썩어 있어 동작을 못 했다. 예배실이며 목양실 곳곳에 쌓여 있는 정리되지 않은 짐들은 이삿짐 센터 창고 같았다. 어울리지 않는 고재 느낌의 중역실 소파와 책상이 목양실을 다 차지하고 있었다. 화장실의 다 깨진 천정 텍스, 작동되지 않는 온수기, 거미줄과 찌든 때가 가득한 창문이 그동안 얼마나 심각한 상태로 교회가 운영되었는지 짐작하게 했다. 대체 이런 환경을 만들어 놓고 몇 년을 지냈다니, 그 전 목회자에게 은근히 화가 날 정도였다.

미션은 주어졌다. 완전히 공간을 탈바꿈시킬 계획이 필요했다. 첫 번째 문제는 역시나 예산. 리모델링뿐 아니라 교회의 모든 필요 성구와 전자 제품까지 전부 세팅을 하려면, 2,000만 원 정도 부족했다.

'어떻게 한다?' 교회 공간은 박 목사님이 활동하는 한 선교회의 지역

본부로 함께 사용될 예정이었다. 나는 선교회 단톡방에 리모델링 계획과 비전을 진솔하게 소개하고 협력을 부탁했다. 이 소식이 박 목사님이 속한 노회와 신대원 동문회에도 전해졌다. 반응은? 뜨거웠다. 불과 3주일 만에 목표를 상회하는 동참이 이어졌다.

문제에 대응하는 맞춤형 인테리어가 시작됐다. 먼저는 지하 습기와 물에 대한 대책. 2마력 공조용 팬을 설치하고 각 실과 복도 천정에 배기용 디퓨저를 놓았다. 외부로 난 창이 있는 카페에는 환풍기 두 대를 연결해 달았다. 습기와의 전쟁에 마침표! 각 실의 평형에 맞는 제습기를 모두 설치하고서 제거된 물을 상시 제거할 수 있는 배관까지 집수정으로 연결했다.

'바닥으로 올라오는 습기를 어떻게 한다?' 결론은 고경도 매트였다. 전체 색감을 고려해 우드 톤 매트를 깔았다. 만약에 습기 문제가 발생한다 해도 걷어내고 물기를 없앤 후 다시 깔면 되니, 지하에는 안성맞춤 자재다.

이제는 색감 바꾸기! 전체적으로 어두운 색감의 칸막이에는 밝은 목재 디자인의 인테리어 필름을 입혔다. 때가 낀 벽면은 공간별 컬러를 달리해 페인팅으로 마감. 실내 창문에는 베이지 톤 블라인드를 소품처럼 달아 내렸다. 예배실 강단과 후면은 음향까지 고려해 목모보드를 주재료로 디자인했다.

가장 문제가 되는 공간이었던 교회로 들어오는 주 출입구 계단 벽.
떨어진 페인트와 곰팡이가 점령해 버린 벽면 처리는 골칫거리였다.
회의에 회의를 거듭하다 좋은 아이디어가 떠올랐다. '담쟁이넝쿨이
가득한 그린 월! 이거야!' 얇은 초록색 펜스에 담쟁이넝쿨을 엮어 붙
이기 시작했다. 대형 벽화를 그리듯 담쟁이 펜스로 그 험악했던(?)
벽을 덮었다. 그 변화된 공간을 보고서 우리는 모두 함박웃음을 지
었다.

예수생명교회, 주 출입구 담쟁이넝쿨 벽

교회에 필요한 모든 성구와 집기까지 세팅했다. 예배실의 모든 성구
카페 집기, 목양실의 사무 가구, 주방의 냉장고며 전자레인지까지….
이 모든 공정을 정확히 6일 만에 끝마쳤다.

리모델링 이후, 예수생명교회는 지역의 새로운 문화 거점이 됐다. 카페에서는 주민들이 참여하는 다양한 교육 프로그램이 돌아간다. 목사님은 바리스타 자격증을 활용해 핸드드립 과정을 열었다. 지역 문화 재단의 프로그램을 유치해 토요 문화학교도 만들었다. 청소년들에게 예술 교육을 접목해 통일에 대한 의미를 일깨운다. 삶의 다양한 문제를 코칭으로 풀어내는 리더십 스쿨도 주민들에게 인기다. 그뿐이 아니다. 사모님은 자신의 재능을 살렸다. 색연필로 식물을 세밀하게 그리는 보태니컬 아트(botanical art) 교육 강사로 맹활약 중이다. 교회도 물론 순항하고 있다. 좋은 소문이 지역에 퍼지면서 이래저래 사람이 모이고 함께 예배드리는 식구들도 점점 늘어 간다고 한다.

교회 건축도 하시나요?

신대원 동문인 J 목사님에게서 전화가 걸려 왔다.

> "문 목사님, 속초 리모델링하신 소식 페북으로 봤어요. 진짜 이렇게 변할 수도 있나 싶더라고요. 수고 많으셨어요."

연신 덕담을 건네시다 갑자기 질문을 던지셨다.

"그나저나 교회 인테리어를 너무 잘하시는데, 혹시 교회 건축도 하시
나요?"

"아니요. 아직 경험이 없습니다. 언젠가 기회가 오면 해 봐야죠. 인테
리어는 계획과 시스템을 만들고 세부 공정에 오류가 없도록 관리 감
독하는 과정이에요. 건축도 마찬가지 아닐까요? 그나저나 갑자기 교
회 건축은 왜 물으셔요?"

J 목사님은 그 이유를 이렇게 설명했다.

가평의 한 농촌 교회가 예배당 신축을 준비 중이었다. 설계도 다 뽑
았고, 교회 땅도 있어서 실행만 하면 되는데, 문제는 건축 시공비. 교
회가 가지고 있는 재정과 실행가의 차이가 컸다. 60평 정도 되는 아
담한 예배당을 짓기 위해 지역의 건설업체는 3억 4천만 원을 요구했
다. 그런데 교회가 가지고 있는 예산은 딱 2억. 한 노 권사님이 미국
이민을 가시면서 새 예배당 건축에 써 달라고 2억을 헌금하시고 가셨
단다. 차이가 커도 너무 컸다. 고민에 빠진 교회는 이러지도 못하고
저러지도 못하는 상황. 더군다나 교회는 뿌리 깊게 얽히고설킨 문제
들이 넘쳐 났다. 건축 문제가 발단이 되어서 결국 교인들이 두 패로

나뉘어 다툼이 끊이질 않았고, 15년간이나 사역하던 목사님마저 떠난 터였다.

그나마 다행인 것은 임시 당회장인 시찰장 K 목사님이 일 처리를 위해 발 벗고 나선 일이라고 했다. 그 시찰장 K 목사님 교회의 청년부 담당 교역자가 바로 J 목사님이었다. 선한친구들이 펼치는 사역을 보고서 '뭔가 해결책을 끌어낼 수 있지 않을까' 하는 생각이 들어 적극 추천을 한 것이다. K 목사님도 속초의 사역 소식을 보고는 이 정도 세심하게 교회 일을 할 수 있는 팀이라면 한번 만나 보고 싶다고 했단다.

바로 미팅이 잡혔다. 만남을 위해 가평으로 가는 길, 이런저런 생각이 머릿속을 복잡하게 했다.

'내가 너무 오버하는 것 아닐까? 건축은 차원이 다른 거잖아. 설사 맡게 되더라도 실수하면 어떡하지? 예산도 너무 빠듯한데 할 수 있을까?'

어느 순간에는 부정적인 생각의 틀을 깨고서 희망의 싹도 올라왔다.

'지금까지 선한친구들이 걸어 온 사역을 봐. 네가 할 수 있어서 한 게 뭐야? 다 하나님께서 기회를 주시고 배우고 익힐 상황을 만들어 주셔서 온 거지. 언제부터 인테리어를 했어? 불과 몇 년이야. 그런데 이만큼 사역이 자랐잖아. 이번 일도 우연이겠어? 마음 비우고 만나 보면 돼. 하나님께서 예비하신 만남이라면 자연스럽게 연결될 거고, 아니면 접으면 되는 거지. 정말 일이 진행된다면 사역을 업그레이드할 좋은 기회잖아.'

그렇게 생각하니 마음이 한결 편했다.

오버 스펙 아닌가요?

"건축 위원회에서 안건이 통과됐습니다. 선한친구들에게 교회 건축을 맡기기로 했어요."

시찰장 K 목사님의 목소리에 나를 향한 믿음이 묻어 나왔다. 만나 뵙고 며칠 지나지 않았는데, 진행 속도가 일사천리다. 위기의 상황에 등판하는 구원투수가 됐다. 본격적인 시공을 위해 준비하는 기간에만 석 달을 쏟아부었다. 전국을 다니며 전문가를 만나 조언을 들었다. 온라인과 오프라인을 가리지 않고 효율적인 건축을 위한 정보를 수집해서 체계화했다. 2020년 10월 7일, 포크레인이 땅을 고르며 본격적인 공사가 시작됐다. 건축 과정에서 시공업체 대표들에게 자주 들었던 말이 있다.

"이거 좀 오버 스펙 아닌가요?"

단층으로 60평을 짓는데, 필요 이상의 자재와 시공법이 동원된다는 것이다. 기초 공사부터 말이 터져 나왔다. 철근 배근하는 간격이 너무 촘촘하다는 것. 좀 넓혀도 상관없단다.

"어떻게 해요? FM대로 해요?"

"그럼요. 도면대로 해 주세요. 튼튼하게 지어야죠. 도면대로 300mm 간격으로 정확하게 해 주세요."

경량 철골로 기둥과 지붕을 올려도 된다는 걸 알았지만, 나는 결국 철제 빔을 고수했다. 거기다가 안 해도 된다는 구조 설계까지 뽑아서 더 안전하게 시공한다는 강접합 방법을 선택했다. 빔 업체 대표의 말도 똑같았다.

"이거 완전 오버 스펙인데, 이 정도면 지진 나도 끄떡없습니다."

판넬 공사가 뒤를 이었다. 비용을 생각한다면 도면 기준에 맞는 두께의 일체형 판넬만 시공하면 될 일이다. 하지만 내 선택은 또 오버스펙. 단열과 디자인을 고려해 벽체 판넬 위에 써모 사이딩을 덧입혔다.

실내 인테리어라고 다를까? 3D 디자인을 통해 계획을 확정한 대로 오차 없는 공정이 이어졌다. 편백과 타공 보드를 주재료로 선택한 따스한 예배실은 들어서자마자 마음이 차분해졌다. 자동문을 열고 들어서는 카페는 여느 프렌차이즈 카페 같은 느낌도 묻어났다. 화장실에는 스페인제 타일까지 시공했다. 오버 스펙의 진수는 방송 설비다. 건축 예산 2억 안에 방송 시설 공사까지 해 달라는 부탁이 교회 측으로부터 있었다. 사실 일반적인 기업이라면 엄두도 안 나는 일이 분명했다. 하지만 선한친구들은 다르지 않은가. 사업이 아니라 사역이기에 가능한 일이다. 흔쾌히 승낙했다. 그리고 어떻게든 효율적인 시스템을 만들기 위해 방법을 구상했다. 결국 1,000만 원 정도 되는 비용을 투자해 예배실과 카페를 연동하는 방송 시스템을 구축하고, 음향과 영상 시설은 물론이요, 유튜브 생방송까지 가능한 중계 장비까지 설치를 마쳤다.

공사가 거의 마무리될 즈음 교회가 소속된 노회 임원진이 방문했다.
반응이 어땠을까?

"아니, 어떻게 2억이라는 예산에 이렇게 견고하고 아름다운 예배당
을 지어요?"

"세상에, 방송 설비까지 그 예산안에 들어 있어요? 말도 안 돼!"

공사에 함께 한 G 목사님은 늘 이 말을 입에 달고 살았다.

"누가 문 목사님처럼 해요. 너무 오버야 오버! 이렇게까지 안 해도 되
는데…."

공사 후 예배실 전경

돌아보니 정말 조금 오버해서 지었다. 그렇게까지 안 해도 될 일을 많이 했다. 그래서 행복하다. 오버해서 더 견고하고, 오버해서 더 아름다워지고, 오버해서 교회가 더 유익이 될 수 있었으니, 이 아니 행복한 일인가! 일반적인 관점에서는 손해가 분명하다. 비용을 줄였다면 그만큼 확보되는 금액을 수당이나 이익으로 돌릴 수 있었다. 기본만 했어도 욕먹지 않을 만큼 마감하는 것도 가능했다. 하지만 나는 계산하지 않았다. 왜? 교회니까. 예배당이니까. 그 건축의 과정을 시작하게 하신 이가 하나님이시요. 지켜보고 계신 이가 하나님이시요. 어떻게 그 사명을 감당하는지 일거수일투족을 살피고 계신 이가 하나님이시기에 나는 계산하지 않고 오버 스펙을 고수했다.

내가 계산하지 않았더니 하나님께서도 계산하지 않으셨다. 내가 오버 스펙을 고수하니 하나님께서도 내 인생에도 오버 스펙을 고수하셨다. 공정이 시작되자마자 홍공숙 장로님이 나타나셨다.

> "문 목사님, 타고 다니시는 차가 너무 낡았어요. 위험해서 안 돼요. 전국으로 사역 다니려면 안전한 차 타야지요. 이번에 기아에서 신형 카니발이 나온대요. 그거 계약하세요."

6년 동안 함께했던 '기쁨이'를 보내고 '선친이(새차의 애칭)'가 찾아왔다. 선친이를 타고 광주와 가평을 무려 2만km 가까이 달리며 공사를 마쳤다.

공사를 거의 마쳐 갈 초겨울, 스무 살 딸 예람이가 울먹이며 전화를 했다.

"아빠, 나 됐어. 최종 합격이야!"

건강 보험 공단 공채에 당당히 합격했단다. 나도 울었다. 못난 아빠를 만나 참 고생이 많았던 딸아이다. 빨리 취업해서 개척 교회 목회하는 아빠를 돕겠다고 상업계 학교에 진학했던 속 깊은 딸. 그 아이에게 신의 직장(?)이라는 공기업의 문이 열렸다. 이제 갓 스무 살 딸에게는 아무리 봐도 오버 스펙이다. 계산하지 않고 부어 주시는 하나님의 은혜가 분명하다.

바로 이거야. 공유 교회!

코로나가 전 세계를 덮쳤다. 대한민국도 팬데믹의 영향으로 삶이 뒤바뀌기 시작했다. 집합 금지, 격리, 재택근무, 줌 미팅 등 어색했던 문화가 서서히 일상이 되기 시작했다. 교회에도 타격이 컸다. 모여서 예배드릴 수 없었고, 식사도 금지됐다. 큰 교회도 힘들었지만, 작은 교회들은 곧바로 피해가 드러났다. 문을 닫는 교회가 속출했다. 2020년 봄, 코로나가 힘을 확장하던 그 시간, 어시스트 미션이 시작한 공유 교회 소식에 내 눈이 번쩍 뜨였다. 예배 공간을 여러 교회가 함께 사용하는 공유 교회. 주일이면 예배 공간과 커뮤니티 룸을 여섯 교회가 나누어 쓴단다. 하기야 사회에서는 이미 공유 오피스, 공유 차량, 공유 주택, 공유 숙소 같은 공유 문화가 확산되고 있지 않은가. 무릎을 쳤다.

'바로 이거야. 공유 교회!'

작은 교회에 재정적인 도움은 물론이고, 개척이나 교회 유지에 새로운 대안을 제시하는 이 시대 교회의 새로운 모델처럼 보였다. 또 함께하는 형제 교회들의 연대까지 이루어진다면 얼마나 멋진 그림인가!

2018년 이전해서 사용하고 있는 교회 건물은 우리 교회 단독으로 사용하기에는 너무 미안스러웠다. 물론 예술 교육 프로그램을 유치해 문화 센터로 활용하기도 하고, 1층은 지역민들이 이용하는 카페로 운영하기도 했지만, 건물 전체 상황으로 보면 아쉬움이 컸다. 그런데 만약 공유 교회 시스템을 정착시킬 수만 있다면? 생각만 해도 환상적이었다.

> '예배드리고 1층 카페에서 소모임을 얼마든지 가질 수 있잖아. 3층 작은도서관도 공동 업무 공간으로 조성하면 좋을 것 같고, 지하는 악기 연습을 마음대로 할 수 있는 문화 공간이 되는 거고…. 그래, 호남 지역 최초의 공유 교회를 출범시켜 보자.'

새로운 꿈을 품고 기도하기 시작했다. 그 꿈을 위해서는 내려놓음도 필요했다. 가장 먼저 교회 간판을 내렸다. 그리고 새롭게 '공유 교회 선한친구들'을 달아 올렸다. 기쁘고즐거운교회도 공유 교회의 일원이 되는 것이다. 네이밍은 중요한 부분이다. 우리 교회 간판이 계속 걸려 있다면 합류하는 교회들은 갑과 을의 구조처럼 느끼게 된다. 내가 사용하던 목양실도 정리해 버렸다. 그리고 독서실형 와이드 책상 세 개를 비치했다. 와이파이 기능을 갖춘 공유 프린터도 놓았다. 언제든 목사님들이 업무를 볼 수 있도록 준비한 것이다. 그리고 SNS를 통해 당차게 홍보를 시작했다.

수도권에서야 성공적으로 자리 잡아 간다지만, 과연 광주에서도 반응이 있을지는 알 수 없었다. 정말 처음에는 별 반응이 없는 듯 보였다. 문의가 오는 몇몇 곳이 있었지만, 이런저런 이유로 진행되지 못했고, 그렇게 몇 달이 '훅' 하고 흘러 버렸다.

'이 지역에서 공유 교회라는 개념은 아직 빠른 걸까? 생소해서 합류하지 못하는 걸까?'

하지만 실망하기에는 일렀다. 2021년 가을, 열매가 맺히기 시작했다. 연이어 세 교회가 합류하며 새롭게 둥지를 틀었다. 모두 합류하게 된 배경이 달랐다. 부교역자로 26년이나 사역을 한 목사님의 첫 개척, 10년 동안이나 사역을 쉬었던 목사님의 재개척, 임대 교회당을 정리하고 온라인 상담과 치유 캠프 사역을 새롭게 시작한 케이스까지…. 거기에 전국의 작은 교회를 도우며 개척 9년 차에 접어든 우리 교회도 한 지붕 네 가족이 되며 호남 최초의 공유 교회가 출항하게 된 것이다. 공유 교회 기사를 처음 접한 지 1년 반 만에 꿈은 현실이 됐다.

보라 형제가 연합하여 동거함이 어찌 그리 선하고 아름다운고(시 133:1)

공유 교회 '선한친구들'로 새롭게 출발

공유 교회에서 일어나는 일

형제가 연합하여 함께 가는 길, 공유 교회에 어떤 일들이 일어날까? 공유 교회의 이념과 운영이 본인의 가치관과 딱 맞아떨어진다며 전화를 주셨던 Y 목사님과 처음 만난 날 일어난 일이다. 바로 사역을 시작하려면 교회 근처로 집을 옮겨야겠다면서 월세로 집을 구하셨다. 지금 살고 계신 집도 교회가 사택을 제공해 주지 않아서 월세라고 했다. 부교역자 생활 26년 동안 한 번도 자가를 소유해 본 적이 없단다. 이리저리 사역지를 옮기다 보니 그리된 일이다. 그분들께 나는 조금 황당해 보이는 제안을 했다.

"임대로 구하지 말고 집을 사세요. 목사님."

"예? 어떻게 집을 사요? 비싸잖아요."

나는 잠시 호흡을 가다듬고 차분히 설명해 드렸다.

"지금 월세도 만만치 않아요. 그 월세면 1억 가까이 융자를 받아 이자를 내는 것과 다를 바 없지요. 찾아보면 비싸지 않고 살기 좋은 아파트가 광주에도 꽤 있어요. 24평 정도면 충분하잖아요. 이번에 한번 도

전해 보시죠."

그리고 우리 교회가 게스트하우스로 사용하고 있는 아파트를 둘러보도록 안내했다. 분주히 사역을 하고 이런저런 후원이 있어 1년 전에 마련해 인테리어를 마친 숲세권 아파트다.

"와, 무슨 호텔 같아요. 정말 깔끔한데요. 오래된 아파트라고 생각이 안 들어요."

Y 목사님 부부는 이구동성이었다.

"제가 부동산 정보를 보니 이 동 위쪽에 매물이 하나 있어요. 가격도 적정하더라고요. 한번 알아볼까요?"

"좋아요. 목사님."

결국, 그렇게 시작된 일이 잘 진행되었다.

7,500만 원을 부르던 아파트를 흥정으로 300만 원 다운시켰다. Y 목사님은 살던 집 보증금과 주변의 도움을 받아 초도 자금을 마련하셨고 5,000만 원 가까운 융자는 인생 첫 주택 구입자에 해당하여 30년

상환 1.6% 저금리로 받을 수 있었다. 상환에 부담이 없는 수준이다. 손 볼 곳이 많았던 주택은 내가 나서서 말끔하게 인테리어를 마쳤다. 화장실과 주방을 완전히 탈바꿈시킨 것은 물론이요 화이트 톤으로 새 아파트 같은 공간을 연출했다. 비용 1천만 원은 Y 목사님의 어머님께서 기쁘게 후원하셨다.

리모델링을 마친 Y 목사님 사택

개척을 시작하시면서 두 부부가 열심히 사회활동을 시작했다. 목회를 병행하느라 힘겨울 수도 있었겠으나 오히려 활력이 넘쳤다. 무엇보다 이제는 이사하지 않아도 되는 자가를 소유하게 되지 않았나. 공유 교회를 만나니 집도 생긴다.

"관광버스 운전을 합니다. 청소년 사역을 참 열심히 했었는데, 어쩌다 보니 사역을 놓은 지 10년이 됐어요."

인자해 보이는 L 목사님은 친구 K 목사님의 소개로 '선한친구들'을 찾았다. 다시 꿈틀거리는 목회의 꿈을 펼치고 싶지만, 공간을 임대해 인테리어를 하고 성구를 채워 넣는다는 것이 어디 쉬운 일인가? 그때 친구 목사님이 공유 교회에서 시작해 보는 것이 어떻겠냐고 코칭을 한 것.

L 목사님은 얼마 후 곧바로 예배를 시작하셨다. 10년 만의 재개척인 셈이다. 드럼과 건반을 전공한 두 딸의 힘 있는 반주에 맞춰 찬송하는 L 목사님의 우렁찬 목소리는 기쁨이 차고 넘쳤다. 한 달에 한 번은 야외예배를 가셨다. 그날은 당신이 운전하는 관광버스가 예배실이 되었다. 참 멋들어지게 목회하신다 싶었다. 8개월쯤 지났을까? L 목사님에게서 전화가 걸려 왔다.

"목사님, 갑작스럽게 됐는데요. 이번 달까지만 예배를 드려야 할 것 같아요."

"아니, 왜? 무슨 일 있으세요?"

"생각지 않게 예배당이 생겼어요. 신대원 동기 목사님이 교회 합병으로 타 교회로 옮기게 되셨는데, 지금 목회하는 예배실을 없애기가 너무 아깝다는 거예요. 아무 조건 없으니까 있는 시설 그대로 전부 사용하고 목회해 보면 어떻겠냐고 제안해서요. 고민하다 새롭게 도전해 보기로 했습니다."

1년도 못 되어 나가게 돼서 미안하다는 L 목사님께 이렇게 말씀드렸다.

"별말씀을요. 공유 교회의 역할이 바로 이런 것 아니겠어요. 10년 만에 다시 재개척을 하실 수 있도록 불쏘시개가 된 거죠. 공유 교회는 마치 스프링보드 같은 것 아닐까요? 더 높이 뛸 수 있도록 도움을 주는 작은 교회의 스프링보드요."

정말 기뻤다. 공유 교회에서 함께 사역하는 것도 기쁜 일이지만, 형제 교회가 새롭게 힘을 내어 도전하는 교회로 성장해 가는 모습을 만나는 것은 더 행복한 순간이었다. L 목사님은 새롭게 이전한 예배당에서 역동적으로 사역을 펼치고 있다.

"지난번에 말씀하셨던 공유 교회 때문에요. 혹시 아직 자리가 있나요?"

"그럼요, 목사님. 그렇지 않아도 아내와 목사님 같은 분께서 합류하시면 참 좋겠다고 이야기한 적도 있는데요. 정말 잘되었습니다?"

S 목사님의 교회에 방송 시설을 후원하고 공사를 해 준 적이 있다. 그때 공유 교회에 대한 비전을 나눴는데 기억을 한 것이다. 임대하고 있는 교회는 타 교회에 이전을 하고 공유 교회에 합류했다. S 목사님의 사역도 특화되어 있다. 공황장애나 우울증으로 아파하는 크리스천들을 위한 전문 사역을 확장시키고 있었다. 유튜브와 블로그 등 온라인을 통해 상담과 예배, 강의를 진행했다.

공유 교회에 합류한 이후 사역은 오프라인 캠프로 확장됐다. 곡성에 있는 수련원에서 한 달에 한 번 4박 5일 일정의 치유 캠프를 연다. 1차에는 전국에서 15명이 모였다. 자살 충동에 고통받고 낮은 자존감으로 힘겨워하던 이들이 말씀과 기도의 두 축으로 회복된다. 공황장애나 우울증에 도움이 될 만한 성경 구절을 발췌해 소책자로 만드신 목사님은 계속 그 말씀을 읽고 선포하게 했다. 그리고 간절히 통성으로 기도하게 했다. 이 단순해 보이는 말씀과 기도의 반복이 연약한 이들을 살리고 회복시켰다. S 목사님의 사역은 지금도 계속 순항 중이다. 전국으로 소책자를 보내고 상담을 원하는 이들을 살뜰히 살핀다. 보기만 해도 참 존경스럽다. 이런 귀한 목사님과 함께 사역하고 있다는 사실이 기쁘기만 하다.

독수리가 더 빨리, 더 높이 날기 위해 극복해야 할 유일한 장애물은 공기다. 그러나 공기를 모두 없앤 다음 진공 상태에서 날게 되면, 그 즉시 땅바닥에 떨어져 다시는 날 수 없게 된다. 공기는 저항이 되는 동시에 비행을 위한 필수 조건이기 때문이다. 마찬가지로 인간의 삶에서 장애물은 필수 조건이다.

— 존 맥스웰(John Maxwell) —

공유 교회 '선한친구들'의 모든 형제 교회는 장애물과 같은 버거운 환경을 마주하고서 날개를 폈다. 날마다 신나게 비행을 한다.

교회를 낙찰받다

진상희 집사님의 전화를 받았다.

"목사님, 인천에 교회 성구가 나왔는데요. 장의자, 강대상, 악기까지 나눌 게 많습니다. 혹시 시간 되시면 올라오실 수 있나요?"

바로 일정을 잡았다. 2021년 가을, 한 아파트의 상가 지하에 있는 교회에서 진 집사님을 만났다.

"집사님은 참 발도 넓어요. 어떻게 이렇게 교회하고 연결이 돼서 성구를 나눌 생각을 했대?"

그냥 덕담처럼 기분 좋아 건넨 말인데, 진 집사님의 대답은 놀라웠다.

"이번에 사무실을 이전할 상황이라 경매 물건을 알아보고 있었거든요. 창고랑 함께 써야 하니 250평에서 300평 정도 필요했어요. 그런데 계양구 쪽에 꼭 필요한 사이즈 가격의 물건이 보이는 거예요. 조사를 마치고 입찰했죠. 요즘 실거래되는 호가가 11억 정도 되는데, 유찰이 몇 번 진행되고 입찰가가 4억 5천만 원인 겁니다. 낙찰받는다면 6억 이상 회사에 이익인 거죠. 그런데 저희가 단독 입찰이 됐어요. 낙찰을 받았습니다."

"세상에나, 잘됐네! 그런데 설마… 이곳이 그곳이에요?"

"네, 맞아요. 목사님. 저도 처음엔 놀랐어요. 입찰 전에 건물 기본 상황이나 채무 관계만 보고서 따로 방문은 하지 않았거든요. 그런데 낙찰 후에 와 보니 교회인 거예요."

나는 작은 탄식을 내뱉으며 말했다.

"하아….교회 상황이 아주 어려웠나 봅니다."

"10년 정도 사역하셨는데, 이제 은퇴하실 나이가 지나셨어요. 교회
도 10년 전에 임대로 들어온 이곳이 갑자기 경매가 돼서 이자 부담을
안고 낙찰을 받았었대요. 경매가 되고 교회가 가져가실 수 있는 금액
이 1억 이상 나온답니다. 초기에 투자하셨던 금액에서 손해는 별로
없대요. 목사님도 홀가분하다며 오히려 감사해하세요."

진 집사님의 설명을 들으니 상황이 이해가 됐다. 교회는 이자 부담이
없는 곳으로 이전할 계획이었다. 지금 사용하고 있는 공간과 비교해
서는 작은 공간이라 성구를 나누고 싶다고 흔쾌히 손을 펴 주셨다.

페이스북을 통해 소식을 알렸더니 전국에서 연락이 빗발쳤다. 접이
식 예배실 의자 30개는 강원도 철원의 군부대 교회에 전해졌다. 강대
상은 개척을 하고 인테리어를 진행 중인 인천의 한 교회에서 인수했
다. 교육관 소강대상과 십자가는, 평일에는 영업을 하고 주일에 예배
드린다는 카페 교회에 자리 잡았다. 전자드럼과 기타 앰프는 성악을

전공하신 지인 B 목사님께, 헌금함은 대구의 작은 교회에 흘러갔다. 마치 인체의 장기를 나누는 것 같았다.

> "이 교회에서의 역할은 끝났지만, 새로운 곳에서 복음을 전하는 도구가 되렴."

두어 달 후 진 집사님과 건물에서 다시 만났다. 270평이나 되는 공간을 인테리어 할 계획을 세우고 있었다. 정말 넓었다. 가로 50m, 세로 18m의 지하 공간. 우리는 곳곳을 둘러보며 아이디어를 나눴다. 진 집사님은 단순한 사무실이 아닌 공유 오피스를 구상하고 있었다.

> "목사님이 공유 교회를 시작하셨잖아요. 그때 아이디어를 얻었어요. 제가 사업하는 분야에 다양한 포지션의 업체들이 있거든요. 저와 밀접한 기업들도 많고요. 그들과 공존하고 협업할 수 있는 공유 오피스를 만들면 좋겠다는 생각이 들더라고요. 임대료도 저렴하게 제공하고 상생하는 거죠. 사무실은 물론이고, 휴식할 수 있는 카페도 있고, 함께 모여 회의할 수 있는 세미나실, 또 납품할 제품을 쌓아 놓을 수 있는 창고도 만들고요."

나는 발걸음을 잠시 멈추고 질문했다.

"몇 개 기업이나 입주시킬 생각이세요? 집사님 회사 말고 다른 기업을 입주시키려면 인테리어를 더 신경 써야 할 텐데요."

"예, 맞아요. 목사님. 기존에 있던 교회는 보시다시피 기초 시설이 거의 안 돼 있어요."

집사님은 콘크리트 슬라브가 훤히 보이는 천정을 손가락으로 가리켰다.

"공조 시설도 없고, 냉난방 시설도 안 돼 있고, 천정도 예배실 말고는 없어요. 전기 시설도 손수 하셨는지 얼기설기 문제가 많아 보여요. 거의 새판을 짜야 할 것 같습니다. 지금 입주하겠다는 기업은 6개 정도 됩니다. 우리 회사까지 하면 모두 7개 기업이 상주할 겁니다."

언뜻 들어도 대공사였다.

"비용도 만만치 않을 것 같은데요. 기본 계획이라도 서 있나요?"

그 말을 마치자마자 마치 기다렸다는 듯이 캐드 도면을 펼쳐 들었다.

"얼마 전에 몇몇 업체로부터 견적도 받고 컨설팅도 받았습니다. 비교해 보니 윤곽이 잡히더라고요. 문제는 역시 비용입니다. 2억 7천만 원 정도는 들어간다는데 이걸 어떻게 줄일까 고민입니다."

집사님은 말끝에 넌지시 숙제 하나를 던졌다.

"계속 고민하다가 목사님께 부탁을 좀 드리려고요. 현명한 방법을 좀 찾아주세요. 교회 건축도 하시고 인테리어도 전문적으로 하고 계시 잖아요. 요즘 트렌드도 아실 것 같고…. 꼭 이 도면대로가 아니더라도 제가 계획하고 있는 메디컬 공유 오피스를 구현해 낼 수 있는 아이디 어, 그리고 전체적인 비용도 절감할 방법을 찾아주셨으면 해요."

강단은 살립시다

2022년 2월, 현장 구석구석을 살피면서 얼마나 걸었던지 다리가 후들 거렸다. 좀 쉬자는 생각에 예배실 뒤편 유아실에 털썩 주저앉았다.

'아… 하나님께선 참 묘하시지. 한 번도 해본 적 없는 일을 또 시키시네?'

사실 부담이 무척 되었다. 경험하지 않은 일들이 많았다. 지하 공간이라 공기 흐름을 원활히 하는 공조 공사가 필요했다. 흡배기용 디퓨저만 80개가 들어갔다. 이것도 처음. 냉난방기는 14대나 설치한단다. 그것도 한곳에서 컨트롤이 가능한 중앙 집중형으로 실외기 한 대에서 통제가 가능한 모델. 물론 난생처음이다. 걱정은 소방 공사였다. 뭐니 뭐니 해도 안전과 관련된 중요한 분야가 아닌가. 소방 공사 기준에 맞게 스프링클러와 경보기를 신규로 설치하거나 이설해야 했다. 작은 규모야 경험이 있지만, 손대야 할 스프링클러만 100개도 더 됐다. 또 기존에 교회에서 만들어 놓은 시설물들을 일괄 철거해야 하는데, 그 철거량만 해도 15톤 이상이었다. 이런저런 고민이 파도처럼 몰려오자 머리가 지끈거렸다. 혼란스러운 마음이 꽉 차자 심장도 빠르게 뛰기 시작했다. 무릎을 꿇었다.

"주님, 왜 능력 없는 저에게 이 일을 또 맡기십니까? 주님 마음을 알고 싶어요. 저 어떻게 이곳을 꾸며 나가야 합니까?"

한참을 기도하고 고개를 드는데 유아실 창문 너머로 철거 대상인 강단이 눈에 들어왔다. 기본 안을 제안한 업체에서는 교회 강단을 없애고 창고를 넓게 쓰도록 디자인했었다. 바로 그 순간, 번쩍하고 머리를 꿰뚫는 생각이 입술로 터져 나온다.

"맞아! 강단을 살려야지, 없애면 안 돼!"

강단을 살려서 작은 예배 공간을 만들어야 한다는 감동이 강하게 들었다. 그동안 10년 동안 말씀이 선포되던 강단이 아닌가. 하나님께 간구했던 기도의 흔적이 있는 장소를 유지시키고 싶었다. '진 집사님에게 왜 교회를 주셨을까?'라는 질문에 대한 1차적 해답이 들리는 듯했다.

'그래, 이 강단에 작은 교회를 만들자. 날마다 하나님께 무릎 꿇고서
개인 예배를 드리고 조용히 말씀을 묵상할 수 있는 곳을 만들자.'

핵심 아이디어가 정리되니 나머지 콘셉트도 자연스럽게 정리가 됐다. '마치 교회 같은 따스한 영성이 묻어 나오는 사무 공간 연출'. 그 순간부터 기본 도면 위에 각 파트의 인테리어 아이디어를 세세히 정리해 나가기 시작했다. 현장을 다시 돌며 살피고 또 살폈다. 화폭에 그림을 그리는 화가처럼 그 생각을 도면 위에 옮겨 완성해 나갔다.

며칠 후 수정된 계획을 들은 진 집사님은 떨리는 목소리로 이렇게 간증했다.

"목사님, 저 지금 너무 놀랐어요. 마치 하나님께서 '너 마지막 기회

야! 똑바로 해!'이렇게 말씀하시는 것 같아요. 등촌동 사무실에 기도
실 만들었었잖아요. 사실, 그거 만들고 처음엔 좋았는데… 사람들 눈
치가 보이는 거예요. 안 믿는 직원들은 무섭다고도 하고, 시간이 지나
고 저도 잘 안 들어가게 되더라고요. 그리고 지금 쓰는 사무실로 이전
할 때는 아예 기도하거나 예배하는 공간을 안 만들었어요. 그런데 목
사님 계획을 들으며 온몸에 전율이 이네요. 초심으로 돌아가서 무릎
꿇고 사업하라고 책망하시는 하나님 마음을 알 것 같아요."

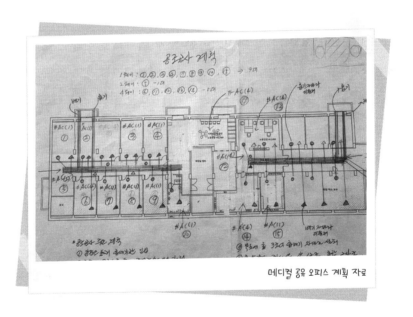

메디컬 공유 오피스 계획 자료

"메디컬 공유 오피스 선한친구들"이 태어나다

5월 말, 3개월에 걸친 치열한(?) 공정이 끝났다. '어려움이 많았다'라는 한 문장으로 설명할 수 없는 시간들. 2022년의 봄은 인천의 지하에서 피고 졌다. 광주와 인천을 달린 거리가 무려 20,000km다. 문제를 넘고 달려 종착역에 도착했고, 계획했던 몇 가지 목표도 잘 이뤄냈다.

시원한 유리 칸막이가 멋지게 이어진 공유 오피스 공간에는 뜻을 같이하는 여섯 개의 기업이 입주를 마쳤다. 의료 기기, 의료 소모품, 제약 관련 회사들이 서로 연결되어 협업하고 도움을 주고받는다. 멀티미디어 시설이 잘 구성된 회의실과 다목적 카페는 활용도가 높다. 바이어들을 초청해 현장 설명회를 갖기도 하고 의료 분야 소학회가 열리기도 한다. 기업에 필요한 정보를 제공하고 실무 능력을 향상하는 세미나와 교육도 줄을 잇는다.

진 집사님은 이곳을 처음 방문하는 사람들과 나누는 대화 패턴이 있다고 웃으며 말한다.

"지하가 다 거기서 거기겠지 생각하고 들어왔다가 처음에 다 '와! 뭐야?' 보통 이렇게 소리를 질러요. 예상과 다른 고급스러운 분위기에 놀라는 거겠죠. 그리고 좀 둘러본 뒤로는 '분위기가 따뜻하네.' '일반 사무실 같지가 않아요.' '어디서 이런 느낌이 많더라?'라고 궁금해해요. 그러다 예배실을 보고는 무릎을 쳐요. '맞다. 교회 같았어요. 어쩐지…"

이런 반응이라면 처음 콘셉트대로 교회 같은 사무 공간 연출에 성공한 듯싶다.

진 집사님은 매일 회사 안에 있는 작은 교회로 향한다. 묵상과 기도로 하루를 연다. 그의 사업은 두 무릎에서 시작된다. 주일이면 다목적 카페 공간이 교회가 된다. 대형 화면을 통해 기쁘고즐거운교회 유튜브 생방송 예배에 실시간으로 참석한다. 광주와 인천이 예배로 연결되었다.

예산 집행은 어땠을까? 2억 7천만 원을 예상했지만, 결국 6천 5백만 원 정도 절약해 공정을 마쳤다. 조사하고 면밀하게 대비하면 거품을 걷어 낼 수 있다. 원하는 수준의 결과를 얻을 수 있다. 새롭게 조성된 공간은 "메디컬 공유 오피스 선한친구들"로 이름 붙여졌다.

완공된 "메디컬 공유 오피스 선한친구들"(협력 기업 입주 공간)

7월의 끝자락, 준공 감사 예배를 드리는데 감회가 새로웠다. 믿기지 않는 오늘이 있기까지 지나온 세월이 주마등처럼 머릿속을 스쳤다. 방 한 칸 없어 거리를 헤매던 초라한 전도사의 얼굴, 작은 거실에서 올려 드린 첫 예배, 보증금이 없어 시멘트 바닥에서 울부짖던 간절한 기도, 웃고 나갔다 펑펑 울어 버린 설립 예배 인사, 기적 같은 교회 건물 매입과 이전, 전국을 다니며 작은 교회를 도왔던 추억들, 호남 최초의 공유 교회 출발… 그리고 메디컬 공유 오피스까지….

참 어려웠던 시간을 지날 때 읽었던 더치 쉬츠 목사님의 책 《소망》에서 시편 구절을 만난 날을 기억한다. 정말 기가 막힐 웅덩이와 수렁에 빠져 있던 내 인생을 보는 것 같아 눈이 붓도록 울었던 그날을 기억한다. 그날 이후, 그 말씀은 내 가슴에 새기는 말씀이 되었다. 이제 돌아보니 그 말씀이 현실이 되었다. 한량없는 은혜, 갚을 수 없는 은혜를 허락하신 내 크신 하나님을 찬양한다.

내가 여호와를 기다리고 기다렸더니 귀를 기울이사 나의 부르짖음을 들으셨도다 나를 기가 막힐 웅덩이와 수렁에서 끌어올리시고 내 발을 반석 위에 두사 내 걸음을 견고하게 하셨도다 새 노래 곧 우리 하나님께 올릴 찬송을 내 입에 두셨으니 많은 사람이 보고 두려워하여 여호와를 의지하리로다(시 40:1-3)

공유로
풀어 보는
크리스천의 삶

공유(SHARE)

우리가 사는 세상은 계속 연결되고 있다. 사물 인터넷을 통해 정보가 공유되고 세상이 급변한다. 공유 주차가 있다. 거주자 우선 주차 구역에 공유 주차를 하고 일정 요금을 내면 된다. ARS 등록 후 이용이 가능하다. 공유 오피스는 이제 보편화된 말이 됐다. 사무 책상은 따로 있지만 회의실이며 미팅 룸은 공유한다. 공유 주택이 MZ 세대들에게 인기다. 침실은 따로 있고, 주방, 세탁실, 카페 같은 라운지를 공유해서 사용한다. 공유 차량 서비스를 잘 알고 있으리라 믿는다. 여행할 때 숙소도 공유 숙소에서 렌트해 이용한다. 시대가 변하고 있다. 공유는 확장된다.

공유 교회도 이런 시대의 흐름과 맥을 같이한다. 단순히 편리만을 추구하는 것이 아니라, 이를 통해 섬김과 나눔을 실천할 수 있어 더 행복하다. 돌아보니 공유 교회 선한친구들의 사역을 관통하는 몇 가지 핵심 키워드가 보인다. 누구나 익히 알고 있는 요소일 수 있지만, 그 지극히 단순한 원리가 실제의 내 삶과 연결이 되어야 보배가 된다.

이해하기 쉽고 기억하기 쉽도록 '공유'라는 뜻의 영문 단어 'SHARE'의 알파벳을 활용해 핵심 키워드를 정리해 보았다. 공유 교회의 경영에 관한 이야기가 아니다. '크리스천은 어떻게 살아야 하는가?'라는 기초적인 질문에 대한 필자 나름의 고민을 제언처럼 전하는 것이다. 1~3장까지 다 담지 못했던 기쁘고즐거운교회와 선한친구들의 못다한 이야기도 덧붙여 들려드리고자 한다.

S – Stigma : 믿음의 흔적이 있는가?

스티그마(Stigma)란 '흔적'을 뜻한다. 원래는 부정적인 의미였다. 고대헬라 사회에서 노예나 죄수, 범죄자들의 신체에 찍는 불도장 '낙인(烙印)'을 가리켰으니 말이다. 하지만 이 불로 지진 것같이 숨길 수 없는흔적 '스티그마'를 정반대의 의미로 응용해 바울이 말한다. 갈라디아서 6장 17절이다.

> 누구든지 나를 괴롭게 하지 말라 내가 내 몸에 예수의 흔적을 지니고 있
> 노라(갈 6:17)

범죄의 낙인이 아니라 예수의 낙인이다. 그리스도 예수를 위해 온 삶을 던졌던 그는 몸에도 고난의 흔적이 가득했을 것이다. 사십에 하나

감한 매를 다섯 번이나 맞았다는 그가 아니던가. 몸뿐 아니라 바울의 삶은 예수의 흔적이 가득했다. 폭풍 유라굴로 속에서도 살아남았다. 독사에 물렸는데 멀쩡했다. 복음을 전하다 흠씬 두들겨 맞고 감옥에 갇혔는데, 발에 감긴 쇠사슬이 풀리고 감옥 문이 열려 버렸다. 3층에서 떨어져 죽은 유두고가 그의 기도에 살아나질 않았던가. 크리스천이라면 인생 중에 예수께서 동행하신 흔적이 있는가를 살펴야 한다. 묻는다. 지금 이 글을 읽고 계신 당신의 삶에 예수의 흔적, '스티그마'가 있는가?

2021년 7월 14일 오후, 전화기에 셋째 형 이름이 뜬다. 반갑게 받았다.

"저… 문기주 씨 아시죠?"

낯선 목소리다. '누굴까?' 그는 휴대폰이 잠겨 있는데 '긴급 전화'에 내 전화번호가 있어 연락한다고 했다. 형이 근무하는 회사의 대표다. 불길한 예감이 맞았다. 여수항에서 사고가 났는데 조치할 수가 없어 전남대병원 응급 센터로 이송 중이라고 했다.

형은 선박의 엔진을 수리하는데 일가견이 있는 베테랑 엔지니어로 일했다. 그날도 리프트를 타고 배 후미의 엔진 부근까지 올라가 작업을 했단다. 그런데 어떤 이유에서인지 작업 중 리프트가 갑자기 더 상승 작동을 했고, 그 순간 배와 리프트의 긴 안전바 사이에 형의 목이 눌려 버린 것이다. 아래에서 보조 작업자가 지켜보고 안전을 담보해야 했지만, 하필 그때 바닥에서 다른 작업에 열중하고 있었나 보다. 바로 조치만 되었으면 좋았을 것을, 시간이 꽤 흘러 버린 것이다.

형의 위험이 감지되었을 때는 이미 심정지가 온 상황이었다. 다행히 119가 도착해 심폐소생술을 진행해 호흡은 겨우 돌아왔지만, 의식은 깨어나질 않았다. 전남대병원에 도착해 들은 의사의 말이 충격적이었다.

> "지금 환자의 상태가 사실 심각합니다. 호흡이 끊긴 시간이 길어서 이미 뇌사가 진행되었을 것 같고요. 이런 상태로 들어오시는 분 중 98% 정도는 보통 사망합니다. 이틀 안에 깨어난다면 기적이고요. 만약 1주일 안에 깨어나지 못하면 식물인간 상태가 됩니다. 지금 병원에서 할 수 있는 조치가 없습니다. MRI 검사도 할 수 없어요. 일단 기다리는 수밖에 없습니다."

그 이야기를 들은 형수는 실신하듯 의자에서 쓰러져 버렸다.

> '아니, 종합병원에서 할 수 있는 조치가 아무것도 없다니…. 생사를

오가는 사람을 그저 지켜만 봐야 한다니…?

그 급박한 순간에 나는 다시 믿음을 붙잡았다. 미동도 하지 않는 형의 머리에 손을 얹고 생명을 지켜 주시길 간절히 구했다. 그리고 곧바로 SNS에 중보 기도를 요청했다. 전국에서 수많은 동역자들이 간절히 두 손을 모았다. 다음 날 아침, 무거운 마음으로 병원으로 향하는 차 안, 조카에게 전화가 걸려 왔다.

> "삼촌! 아빠 깨어났어요! 의식이 돌아왔어요. 간호사가 물어보면 아직 대답은 못 하는데, 손발로 신호를 보낸대요."

그날, 의식이 돌아온 형은 한 달 만에 침상에서 일어나 걸어서 화장실에 갈 정도로 회복됐다. 하지만 좌뇌 일부가 기능을 잃었다. 처음에는 물건의 단어 하나를 떠올려 말하는데도 애를 먹었다. 형수가 초등학생들이 사용하는 단어 카드를 가지고 학습을 시킬 정도였으니 말이다.

그런데 지금은 어떨까? 담당 의사가 가장 놀란다고 한다.

> "뇌신경이 미세하게 새롭게 생기더니 지금은 더 굵어졌어요. 죽어 버린 뇌신경을 대체하는 거죠. 또 우뇌나 다른 부위 신경이 죽었다면 문

제가 컸을 거예요. 성격 이상이나 운동신경 장애가 생겼을 텐데, 가만
보면 중요한 곳 다 피해 갔네요.”

이런 놀라운 일들 앞에서 어찌 하나님의 일하심을 부인할 수 있겠는
가? 이제 형은 일상생활을 거의 회복했다. 운전도 하고 해외여행까지
한다. 언어 기능도 별 이상 없다.

회당장 야이로의 딸은 이미 호흡이 끊어졌다. 숨 쉬지 않는 그 아이
를 보고서 예수님이 선포하신다.

> 그 아이의 손을 잡고 이르시되 달리다굼 하시니 번역하면 곧 내가 네게
> 말하노니 소녀야 일어나라 소녀가 곧 일어나서 걸으니 나이가 열두 살이
> 라 사람들이 곧 크게 놀라고 놀라거늘(막 5:41-42)

이 시대에도 주님은 동일하게 말씀하신다. “달리다굼!” 낙망에 빠진
자에게, 슬픔에 잠겨 웅크리고 있는 자에게, 일어날 힘이 없다고 비
탄에 빠진 이들에게 말씀하신다. “일어나라!!” 우리 삶에 예수의 흔적
이 가득하다면, 우리는 ‘달리다굼’의 인생이 될 수 있다.

내 딸 예람이의 삶에도 예수님께서 동행하신 스티그마가 있다. 중3
때 교회 하계 청소년 캠프에서 간증을 했는데, 지금 들어 보니 당시

고민이 오롯이 묻어난다.

저는 엄마 배 속에 있을 때부터 예배를 드려온 모태신앙입니다. 일요일에는 엄마 아빠 손에 이끌려 예배를 드려야 했었고, 교회에 가는 것이 너무 당연해서 교회를 안 다닌다는 친구를 보면 신기하기도 하고 내심 부럽기도 했습니다. 가끔 명절 때나 큰돈을 받을 때면 그중 일부를 떼어 어김없이 십일조 봉투에 넣으시는 아빠가 정말 미웠습니다. 그렇게 하나님 만날 생각도 않고 지내다가 사춘기가 찾아왔습니다. 이때부터 교회에 가는 것이 점점 싫어졌습니다. 다른 친구들은 다 노는데 왜 저만 항상 교회에 하루 종일 있어야 하는지…. 거기다가 엎친 데 덮친 격으로 아빠가 직장에서 나오게 되면서 가정 상황이 안 좋아졌습니다. 아빠는 교회를 위해 헌신한다며 모든 것을 내려놓고 홀로 광주에 내려가셨습니다. 저는 아빠가 이해가 안 됐습니다. 충분히 직장에 다닐 수 있었음에도 불구하고 교회를 위해 모든 것을 내려놓는다기에, '아빠는 우리 가족 생각은 안 하는 건가?' 하는 생각이 들었습니다. 하지만 한편으로는 하나님만 바라보고 살아가는 아빠가 진짜 대단하다는 생각도 들었습니다.

당시 사무국 책임자로 근무하던 문화 재단에 정치적인(?) 힘이 작동하고 인사 위원회에서 재계약 불가 통보가 내려왔다. 어떤 소명 기회도 주지 않고, 자기들 입맛대로 인사를 운영한다는 게 말이 되는가. 상담을 했던 전문 노무사는 행정 소송을 통해 승소 가능하니 관련 업계에 근무하는 후배들을 위해서라도 싸우라고 조언했다. 그런 고민을 모교회 담임목사님께 전하고 조언을 구하는 자리에서 뜻밖의 제안을 주셨다.

> "이제 하나님께 올인 하라고 일어난 일 아니겠어? 비전센터 막바지 입당 준비가 한창인데 가진 달란트를 잘 활용해서 실력 발휘해 봐. 입당하고 교회에서 기독교 문화 재단을 만들어서 운영하면 좋잖아. 계획해서 보고해 줘."

나는 고민하지 않고 내 삶을 던졌다. 건축 연면적이 6,000평이 넘는 비전센터 건축을 마무리하고 기독교 문화 재단을 설립할 수 있다는 비전은 가슴을 설레게 했다. 문제는 가족이었다. 당시 익산에 살고 있던 시절이라 어쩔 수 없이 가족과 떨어져 지내게 됐다. 예람이가 그 당시 느꼈던 마음의 아픔을 이야기하는데, 나도 가슴 한쪽이 아렸다. 이어지는 간증에는 더 큰 마음의 상처가 묻어났다.

그런데 그렇게 아빠가 충성했던 교회에서 갑자기 떠나게 되었습니다. 그리고 우리 가족은 교회를 옮기게 되었고, 교회 뒤편에 연결된 사택에 살게 되었습니다. 또 전학을 가게 됐고, 그건 큰 스트레스였습니다. 저는 초등학교만 다섯 곳을 다녔고, 심지어 2주간만 학교를 다니고 다른 곳으로 전학을 간 일도 있습니다. 엄마 아빠는 전학을 갈 때마다 이렇게 말했습니다. "괜찮아. 너는 적응력이 좋으니까 가서도 금방 적응할 거야." 저는 이 말이 위로의 말이라는 걸 알면서도, 그 말이 싫었습니다. 익숙함을 떠나 새로운 삶에 적응하는 것이 너무 싫었습니다. 그런데 하나님께서 주시는 시련은 이게 끝이 아니었습니다. 우리 가족을 또다시 교회에서 버림받게 하셨습니다. 교회 사택에서 나와 낡은 2층 집에서 살게 되었습니다. 겉모습만 봐도 '나 가난해요'라고 쓰여 있는 듯한 집이 너무 창피했고 제대로 된 직장이 없었던 아빠와 떡집에서 알바를 한다던 엄마가 너무 부끄러웠습니다. 이때 제 신앙심은 완전히 바닥이었습니다. 저는 하나님께 이렇게 말했습니다. "어떻게 저희에게 이러실 수가 있습니까? 저희 아빠가 불쌍하지도 않으십니까? 지금까지 하나님만 바라본 우리를 보고 계시지 않으신 겁니까?" 그리고 저는 엄마에게 가서 말했습니다. 하나님은 살아 계시지 않는다고, 그저 불교나 다른 종교에서 말하는 신처럼 '만들어진 신'에 불과하다고….

어른인 나도 힘겨웠던 그 아픔의 시간을 지나온 딸아이의 눈물 섞인

간증은 내 가슴을 헤집어 버렸다. 예람이의 하나님 부인은 "제발, 날 구원해 주소서"라고 외치는 시편 기자의 간절함으로 들렸다. 예람이의 간증은 열다섯 살 때 경험한 잊을 수 없는 사건으로 이어졌다.

이랬었던 제게 하나님께서 찾아오셨습니다. 작년 이맘때 담임선생님, 반 친구들과 함께 여행을 갔었습니다. 숙소에서 고기도 구워 먹고 베개 싸움도 하고 새벽까지 게임을 하며 너무 즐겁게 지냈습니다. 다음 날은 아침을 간단히 먹고 일정대로 해수욕장을 갔습니다. 사실 계획대로라면 갯벌에 가기로 했지만, 막상 바다를 보고서는 물에 들어가 놀기 바빴습니다. 선생님이 주차하러 가시는 동안 '조금만 더! 조금만 더!', 친구들과 깊은 곳으로 계속 나갔습니다. 파도치는 순간에 몸이 뜨는 게 너무 재미있어서 그게 위험한 줄도 모르고 놀다가, 어느 순간 발이 땅에 닿지 않았습니다. 갑자기 모두 당황해 물속에서 빠져나오기 급급했고, 저도 물 밖으로 나오려고 헤엄쳤지만, 오히려 친구들과 점점 멀어졌습니다. 뒤를 보니 친구 두 명이 떠내려가며 살려 달라고 소리치고 있었습니다. 혼자 떨어지는 게 무서워 그쪽으로 가려고 했지만, 손이 닿지 않아 혼자 떠내려가게 되었습니다. '설마 이런 일이 일어나겠어?' 싶은 일이 저에게 일어났습니다. 몸에 힘은 빠져가고, 숨쉬기도 힘들어지고, 진짜 정말로 죽을 수도 있겠다는 두려움이 들었습니다. 그때 갑자기 책에서 읽었던 위기 대응법이 떠올랐습니다. '몸에 힘을 빼야 해.' 그대로 하자 물에 뜨는 겁니다. 그 순간 하나님께 바로 살려 달라고 했습니다. 계속 살려 달라고만 기도하다가 무심코 하늘을 쳐다보니 갑자기 마음이 평온해졌습니다. 그때 말씀이 떠올랐습니다. "두려워하지 말라 내가 너와 함께함이라 놀라지 말라 나는 네 하나님이 됨이라 내가 너를 굳세게 하리라 참으로 너를 도와주리라 참으로 나의 의로운 오른손으로 너를 붙들리라." 마치 저에게 말씀하시는 것 같았습니다. 그리고 저는 하늘을 향해 확신하듯 말했습니다. "하나님께서 저를 쓰신다고 약속하셨습니다. 저를 통해서 하실 일들이 아직 남아 있습니다. 하나님께서 살려주실 것을 저는 믿습니다." 이렇게 말하고 나니 두려움이 없어졌습니다. 오히려 든든했습니다. 살려 달라고 말하지 않고, 반드시 살아날 것이라는 확신이 섰습니다. 그렇게 파도에 몸을 맡기고 있다가 어느 순간 발을 뻗어 보고 싶다는 생각이 들었습니다. 땅에 발이 닿았습니다. 그 순간 하나님께서 살아 계신다는 것을 실감했습니다. 하지만 하나님께서는 저를 살려 주심과 동시에 친구의 목숨은 거두셨습니다. 경험하지 못했던 일들이었습니다.

그렇게 신안의 바다에서 딸 예람이의 삶에 평생 잊지 못할 스티그마가 새겨졌다. 그 시간 이후 예람이는 믿음 안에서 잘 성장했다. 이제는 20대 중반 예쁜 숙녀, 공기업에서 자기 맡은 업무를 똑소리 나게 해치우는 사랑받는 인생으로 살아가고 있다. 교회 예배 때, 아빠는 기타를 들고 딸은 건반을 연주한다. 눈빛만 봐도 통하는 듀엣이다.

H - Hope : 하나님께서 주신 꿈을 꾸라

하나님께서 주시는 꿈을 품은 사람은 조건을 넘어선다. 계산기의 답을 거스르는 놀라운 일을 만들어 낸다. 왜 그런가? 인간의 생각과 하나님의 생각은 다르기 때문이다.

> 이는 내 생각이 너희의 생각과 다르며 내 길은 너희의 길과 다름이니라
>
> 여호와의 말씀이니라 이는 하늘이 땅보다 높음같이 내 길은 너희의 길보
>
> 다 높으며 내 생각은 너희의 생각보다 높음이니라(사 55:8-9)

이걸 인정하는 사람은 조건을 넘어서는 꿈을 생생하게 꾼다. 상황이 맞지 않는데도 계속 꿈을 꾼다. 꿈을 위해 살아간다. 결국 그 꿈이 이루어지는 것을 본다. 인간의 생각과 다른 하나님께서 주시는 꿈을 품으면 고정관념에서 벗어나 새로운 시각으로 인생을 보고 승리의 열매를 만난다.

이지성 씨가 《꿈꾸는 다락방》이라는 책에서 이런 말을 한다. "부의 격차보다 무서운 것은 꿈의 격차이다. 불가능해 보이는 목표라 할지라도, 그것을 꿈꾸고 상상하는 순간 이미 거기에 다가가 있는 셈이다."

무슨 인간의 신념이나 마인드 컨트롤을 이야기하려는 것이 아니다. 하나님께서 주시는 꿈은 늘 불가능해 보인다. 그러나 믿음의 상태에서는 그 꿈을 계속 상상하고 바라보게 된다. 내주하시는 성령께서 그때그때 지혜를 주시고 현명하게 행동하도록 만드신다. 신묘막측하게 조건들이 맞아떨어지게 되고, 어느 순간 꿈은 현실이 되어 있다.

동림동에서 처음 개척 예배를 드렸던 교회는 1,000세대 아파트 뒤편에 위치했다. 맞은 편에는 도심에서 몇 남지 않았을 법한 옛 모습을 간직한 동배 마을. 현재 사용하고 있지는 않지만 마을 우물이 있었고, 몇몇 어른들이 일구는 밭도 있었다. 딱 시골 마을이었다. 시골이라고 다 경치가 좋던가? 시선이 불편한 곳도 있게 마련이다. 교회와 붙어 있는 주택이 그랬다. 사람이 살지 않아 관리가 안 되니 완전 폐가였다. 제일 신경 쓰이는 것은 담벼락이었다. 오래된 세월의 풍파를 안고 겨우 버티고 서 있는 담장. 곳곳에 구멍이 난 곳으로 사람들이 버린 쓰레기가 쌓일 때도 있었고, 누군가 아무 생각 없이 휘갈겨 써 놓은 낙서까지… 지나칠 때마다 마음이 불편했다. 마음이 불편한 것은 변화를 찾으라는 신호가 아니겠는가. 2016년 한여름, 환경을 바꿔 보자는 생각에 새로운 꿈을 꾸기 시작했고, 그 꿈을 문서로 정리했다. 일명 "기쁘고 즐거운 골목길 만들기 제안서"

내용은 대략 이러했다. "하루 500여 명 이상의 주민이 왕래하는 길이 이래서야 되겠느냐? 깨끗한 마을 환경이 필요하다. 그래서 마을 벽화 사업을 추진해 보고 싶다. 예산은 150만 원 정도 들어갈 것 같다. 구청에서 지원해 준다면 확 달라진 마을 골목길을 만들어 내겠다."

내용을 검토한 후에 구청 홈페이지에 접속했다. 다른 루트보다 빠르겠다 싶어 "구청장에게 바란다"에 민원을 넣었다. 이후 결과는 어떠했을까? 반응은 정말 빨랐다. 왜? 구청장에게 다이렉트로 전해진 민원이니, 어떻게든 답변을 해야 하는 상황이었기 때문이다. 환경과로 기억된다. 전화벨이 울렸다.

"문경주 목사님이시죠? 북구청입니다. 제안해 주신 내용 보고 전화 드렸어요."

"네, 반갑습니다. 어떻게… 실행이 될 수 있을까요?"

"그게요…. 내용은 정말 좋은데… 아시다시피 예산이 다 정해져서 집행이 되고 있는 시기라 지금 당장은 힘들 것 같습니다. 추경을 잡는다고 하더라도 몇 달은 걸릴 거고요…."

난 물러서지 않고 이렇게 되물었다.

"물론, 갑작스러운 제안에 공 조직이 신속하게 대응한다는 게 힘들죠. 압니다. 하지만 150만 원 정도 들어가는, 어떻게 보면 그리 크지 않은 소액 사업 아닙니까? 예비비라도 동원해 주시면 안 될까요?"

긍정적인 대답을 기대하던 내 생각과는 다르게 그는 앵무새처럼 같은 대답을 되풀이했다. 실랑이를 좀 하다가 내가 물러섰다. 조직에서 힘없는(?) 담당자와 이야기한들 무슨 해답이 있겠나 싶었다. 좀 기다리자고 마음먹었다. 이렇게, 잘못하면 그냥 사라질 수도 있는 마을을 위한 제안이 의외의 곳에서 걸려 온 전화 한 통으로 살아나기 시작했다.

금요일 11시쯤 점심 약속이 있어 차를 타고 막 큰 도로로 접어들려는 순간, 처음 본 전화번호가 떴다. 구청 비전전략실 K 팀장이었다.

"제안해 주신 마을 가꾸기 제안서 잘 봤습니다. 이렇게 적극적으로 나서 주셔서 감사해요. 아마 구청 안에서 바로 실행되기는 힘들 것 같은데요. 마침 시에서 공모하는 구도심 재생 프로젝트가 있거든요. 보내 주신 내용을 좀 보완하면 공모에 도전해 볼 수 있을 것 같습니다. 목사님께서 한번 나서 주시겠어요?"

"그래요? 아니 큰 프로젝트면 준비 작업이 있어야 하잖아요. 제가 제안한 건 작은 아이디어 하나인데… 가능할까요?'"

그는 적극적이었다. 구에서 도심 재생 프로젝트에 공모할 팀이 자생적으로 생겨나길 바랬지만 마땅치 않았는데, 제안서를 보니 팀도 구성되어 있고 마을 환경을 잘 분석해서 이만하면 기본은 되었다고 했다. 또 본인이 가지고 있는 아이디어도 있고, 프로젝트 자체가 민관이 연합해 추진하는 구조라 가능성이 있다고 계속해서 설득했다. 결국 나는 개인 일정을 포기하고 K 팀장과 미팅을 했다.

공모전 안내서를 보니 정말 상황이 절묘하게 들어맞았다. 광주광역시에서 주최하는 "제1회 골목에서 시작하는 생생 프로젝트". 주민 5인 이상의 팀이 구성되어야 했다. 팀 구성은 이미 일단락. 지역은 시내 저층 단독·다세대 주택 밀집 지역의 골목이 대상이다. 이것도 교회가 위치한 마을 환경과 일치했다. 도심 재생 사업 구상서를 제안함에 있어서도 마을 골목을 재생하는 기본 구상은 되어 있지 않은가. 더군다나 민관 협력이라 조직이 연결되어야 하는데, 구청 비전전략실과 이어졌으니 이 또한 해결이다. 선정 가능성은 낮아 보였지만, 가슴 뛰는 꿈을 담아 제안서를 제출했다. 프로젝트명도 동림동의 꿈, "동림몽"!

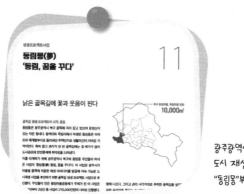

생명프로젝트사업

동림몽(夢)
'동림, 꿈을 꾸다'

11

낡은 골목길에 꽃과 웃음이 핀다

북구 동림마을, 희망마을 정비
10,000㎡

광주광역시 북구
도시 재생 사업 결과 보고서 중
"동림몽" 부분

9월에 결과 발표가 났다. 결과는 내 예상을 깼다. 시를 통틀어 16개
사업이 선정됐고, 북구에서 선정된 두 개의 사업 중 하나로 덜커덕 뽑
힌 것이다. 2년 동안 마을 재생 사업비만 1억 1천만 원! 동네에 들어
온 작은 교회 하나가 일을 냈다. 마을의 골목길 하나 깨끗이 만들어
보자는 작은 생각이 또 다른 기회의 씨앗과 연결돼 동네에 큰 선물
꾸러미를 안겼다.

선정된 후 마을 사업에 시간을 전적으로 투여할 수 있는 마을 인재들
을 추천받아 실행 조직을 꾸렸다. 그리고 그분들에게 마음껏 일할 수
있도록 힘을 실어 드리고, 나는 뒤로 한 발짝 물러나 조력자로 남았
다. 이후 2017년부터 진행된 사업은 마을의 환경을 바꾸고 주민 공동
체를 활성화하는 데 큰 역할을 했다. 마을 안전 지도가 만들어졌고,
곳곳이 예술 골목으로 꾸며졌다. 동네 경로당도 새 옷을 입었다. 마

을 광장에서 공연이 펼쳐지며 주민 장터가 열렸다. 조용했던 마을에 시끌벅적한 생기가 넘쳤다.

동림동에서 새로운 꿈을 꾸며 마을을 새롭게 한 경험은 그대로 운암동으로 이어졌다. 2017년, 매입한 교회 건물 주변 풍경은 을씨년스러웠다. 모두들 거리를 지날 때면 불쾌해지는 장소랄까. 그도 그럴 것이 건물 세 동이 이어진 30m 거리에 오토바이와 중고 냉장고며 에어컨 실외기가 인도에 가득했다. 길이 좁아져 통행을 방해하는 건 물론이요, 늘어선 물품들 때문에 보기에도 좋지 않으니, 사람들은 이 길을 지날 때마다 얼굴을 찌푸리며 지나갔다. 다행히 교회가 들어가면서 중앙은 정리됐지만, 여전히 좌측은 오토바이 가게요, 우측에는 중고 물품 가게가 떡하니 버티고 있었다.

이런 환경에서 1층을 카페로 디자인했다. 벽 한쪽에는 1,000여 권의 서적이 자리 잡았다. 하우스 콘서트를 할 수 있을 정도의 음향과 영상 시설도 구비했다. 이제 남은 것은 일반 카페로 가느냐, 아니면 내부 인원 중심으로 운영하느냐의 선택. 고민이 됐다. 주변 환경을 고려했을 때, 일반 카페로 운영한다는 것은 분명 무리수였다. 또 커피 머신이며 필요한 카페 물품을 구입하려면 비용 투자도 만만치 않았으니 말이다. 미래는 불투명했지만, 나는 교회 공간이 우리끼리만의 장소로 남는 것을 원치 않았다.

"그래, 동네 사랑방 하나 만드는 거지 뭐. 이문(利文)을 남기려고 하는 게 아니니까, 동네 사람들이 기억하고 편하게 찾을 수 있는 카페를 만들자!"

한참 머신도 설치하고 운영 준비를 하던 때, 아내가 이런 말을 했다.

"오늘 어떤 남자분이 불쑥 들어오는 거야. 그러더니 여기다 카페 차리느냐고 하더라고. 그렇다고 했더니 뭐라고 하는 줄 알아?"

"뭐라고 했는데?"

"자기가 이 동네 오래 살았대. 그러더니 '카페 하면 절대 안 될 자리에다가 차리시네…' 이러더라고…"

동네 토박이인 그 사람은 눈에 보이는 환경을 정확히 파악했는지는 몰라도, 인생사를 주관하시는 하나님의 인도하심은 못 본 듯했다. 그의 예언은 빗나가기 시작했다.

교회가 입당한 지 몇 달이 지나지 않았는데, 오토바이 가게 사장님이 건물을 팔았다는 소식이 들렸다. 두어 달 동안 건물을 리모델링하더니 한우곰탕 집이 자리를 잡았다. 길거리에 늘어서 있던 오토바이는 흔적도 없이 사라졌다. 그리고 또 얼마나 지났을까, 이번에는 중고 물품 가게 사장님 입이 삐쭉 나왔다.

> "건물주가 전체를 리모델링하고 세를 다시 준다고 우리보고 비우랍 니다?"

오 놀라워라! 어떻게 이런 일이…. 에어컨 실외기와 냉장고가 어지럽 게 널려 있던 거리가 환해졌다. 그뿐인가. 그 건물도 페인팅을 새롭 게 하고 위풍당당하게 다시 태어났다. 정말 보기에 심란했던 30m 거 리가 마치 도심 재생 사업을 진행한 양 완전히 탈바꿈한 것이다.

거기다 교회 인근에 나름 인지도가 있다는 퓨전 한정식집이 이사를 왔다. 곰탕집과 퓨전 한정식집 사이에 교회 카페가 위치하게 된 셈이 다. 두 식당 모두 손님들이 꽤 많다. 생각해 보시라. 식후에 마시는 커 피에 대한 진심(?), 대한민국만 하랴. 자연스럽게 카페에 손님들이 들 어오기 시작했다. 몇 년이 흐른 지금은 어떻게 됐을까? 진짜 동네 사 랑방이 됐다. 메뉴도 다양할뿐더러 좋은 재료를 아낌없이 쓰니, 시간 이 지나고 입소문이 났나 보다. 점심시간에는 자리가 없다. 아내는 꽤 많은 손님도 별로 대수롭지 않게 치른다. 즐거워한다. 손님 중 특 별한 분들과의 인연도 생겨났다.

80대 중반의 할머님 두 분은 친구 사이다. 멀리서 택시를 타고 화요일이면 어김없이 카페에 오셔서 꼭 개인당 두 잔씩 음료를 마신다. 고정석처럼 창가 자리에 앉아 서너 시간 세상살이 이야기하는 것을 낙으로 삼는 분들이다. 카페 분위기가 그렇게 편안하고 좋단다. 어떨 때는 작은 교회 목사와 사모를 대접한다고 옆집에서 곰탕도 포장해 오신다. 아껴 주시는 마음이 어찌 그리 고마운지….

카페 JOY 내부

김 집사님은 S교회 안수집사이시다. 교육행정 공무원으로 은퇴를 하고, 이제는 노년에 문학 동아리 활동과 취미 생활을 하며 살아가신다. 그러다 장년 맞춤형(?) 같은 카페 JOY의 단골이 됐다. 그리고 자연스레 교회 활동과 '선한친구들'의 사역을 알게 되셨다. 그러던 어느 날, 유튜브를 통해 우리 교회 예배 실황에 접속하셨나 보다. 놀랍게 그날 이후, 매주 영상 예배를 드리신다. 물론 출석하시는 본교회 사역도 성실히 하시면서…. 제일 놀라운 점은 모든 예배 진행 상황과 설교 내용을 요약해서 피드백처럼 소감문을 보내 주신다는 사실이다. 좀 부담(?)스러울 정도로 성실히 한 주도 빠짐없이 보내 주신다. 은혜가 된단다. 그러다 '선한친구들'에 후원을 시작하신 것을 알게 됐다. 얼마나 고맙고 감사한 일인가! 매달 한 달 진행된 사역 내용을 잘 정리해서 사역 보고를 하는데, 당연히 김 집사님께도 보내 드렸다. 다음 날 이런 장문의 메시지가 날아왔다.

> "그토록 바쁘신 중에도 띄워 주신 서신 감동이었습니다. 그리고 '선한친구들'이 걸어온 발자욱과 표방하는 선교 방식을 차분하게 열람했습니다. 다양하게 펼치고 계신 활동에 대해 자세히 알 수 있었습니다. 주님께서 맡겨 주신 사명을 올곧게 순종하는 모습이 존경스러웠습니다. 저는 수주 전부터 동영상 예배로 많은 감동을 받고 있습니다. 문 목사님께서 성경 말씀과 실생활의 밀접한 예화를 소개하며 예배를 인도하시기 때문에, 그 효과와 흡인력은 큰 은혜로 이어집니다."

나이 어리고 부족한 것 많은 작은 교회 목회자를 존중해 주는 어른의 마음이 보였다. 우리끼리만 모여 사용했으면 만나지 못했을 귀한 동역자를 동네 카페를 통해 만났다.

카페는 다양하게 활용되었다. 마을 부녀회가 반찬 나눔을 준비한다고 장소가 필요하다고 했을 때, 흔쾌히 문을 열어 드렸다. 뒤편 골목에 있는 아동보호 기관에서는 가끔씩 카페를 통째로 빌려 단체 회의를 진행하기도 한다. 인근 교회 청년부에서는 새 친구 환영 프로그램을 열기도 했다. 마을에서 매달 이미용 봉사로 어르신들을 섬길 때면, 카페에서 맛있는 팝콘을 튀겨 간식을 제공해 드린다. 주일이면 예배가 열리고 큐티 모임이 이뤄진다.

카페 주방에서 능숙하게 음료와 디저트를 만들어 내는 아내의 모습을 볼 때면 가끔 10년 전 일이 떠오른다. 아내는 당시 지역에서 인지도가 있는 떡 체인점에서 아르바이트를 했다. 특히나 힘든 시기는 명절 연휴였다. 거의 이틀을 꼬박 앉지도 못하고 서서 주문받은 떡을 쪄내야 했던 아내는 집에 돌아오면 시체(?)처럼 방바닥에 누워 버렸다. 얼마나 가슴이 저리고 미안했던지…. 그런데 지금 돌아보니 그 힘들었던 시간에 카페에서 일하는 기본을 다 다졌다. 커피 머신이 있어 에스프레소도 추출했고, 다양한 음료와 디저트를 매장에서 판매했으니, 그곳이 오늘을 위한 훈련소(?)였던 셈이다.

동네에 교회가 들어오고 8년여, 거리 풍경이 바뀌고 교회 카페는 마을 주민들의 친구가 됐다. 환경을 넘어서는 꿈은 또 현실이 됐다.

백범 김구 선생은 그 암울한 시절에도 하나님께서 주시는 꿈을 꾸던 신앙인이었다. 《백범일지》의 "내가 원하는 우리나라" 편에는 이런 그의 꿈이 실려 있다.

나는 우리나라가 세계에서 가장 아름다운 나라가 되기를 원한다. 가장 부강한 나라가 되기를 원하는 것은 아니다. 내가 남의 침략에 가슴이 아팠으니, 내 나라가 남을 침략하는 것을 원치 아니한다. 우리의 부력(富力)은 우리의 생활을 풍족히 할 만하고, 우리의 강력(强力)은 남의 침략을 막을 만하면 족하다. 오직 한없이 가지고 싶은 것은 높은 문화의 힘이다. 문화의 힘은 우리 자신을 행복하게 하고, 나아가서 남에게 행복을 주기 때문이다.

그 꿈이 이루어졌는가? 지금 와서 보니 정말 이루어졌다. 가장 부강한 나라는 아니지만 세계 무역 8위 경제 강국이 되었다. 우리 스스로를 방어할 만한 기본적인 힘은 가진 국가다. 우리나라의 무기가 해외에서도 호평받을 정도의 국방력을 갖췄다. 세계의 문화를 휩쓰는 한류의 나라가 되었다. K-무비, K-드라마, K-팝에 전 세계가 열광한다. 한없이 높은 문화의 힘으로 세계인들의 사랑을 받는 아름다운 나라가 되었다. 그 문화의 힘으로 우리 국민이 자부심을 느끼고 행복해한다. 세계가 행복해한다.

중요한 것이 있다. 김구 선생이 꿈을 꿀 때 꿈을 꿀 만한 조건이었는가? 아니다. 암울했다. 지지리도 어렵고 힘겨운 동방의 빈국이었다. 심지어 나라도 없었다. 이리저리 상처가 많고 아픔만 있는 나라였다. 하지만 믿음의 지도자, 예수 그리스도를 따르는 신앙인이었던 김구 선생은 꿈을 꿨다. 그리고 하나님께서 그 꿈을 먼 훗날 이루어 주셨다. 크리스천은 꿈꾸는 인생이어야 한다.

2023년 2월경, 《월간 목회》에서 선한친구들의 사역 이야기를 들려 달라는 요청이 있었다. 원고를 쓰다가 말미쯤에, 지나간 이야기가 아닌 내 꿈을 적었다. 이루어졌으면 하는 비전을 나눴다. 공식은 동일하다. 현재 상황과는 많이 동떨어져 있는 꿈이다. 그런데 내게는 너무 생생하게 자리 잡은 꿈이어서 나누었다. 그 대목을 소개한다.

【또다시 꾸는 꿈, 선한친구들 '물류 창고'와 '캠핑 처치'】

나는 꿈꾸길 좋아한다. 무엇인가 비전이 생기면 그림으로 표현해 들여다보고 현실로 구현되길 간절히 바라며 기도한다. 교회의 첫 승합차 구매 때도, 교회 건물을 매입할 때도, 공유 교회를 시작할 때도 똑같았다. 지금은 또 다른 꿈을 꾼다. 기업과 후원처에서 지원받은 성구나 물품을 비축해 둘

물류 창고다. 강대상이나 헌금함, 교회 의자와 같은 성구, 냉장고와 커피 머신 같은 전자 제품, 음향과 영상 같은 방송 장비, 인테리어에 필요한 자제까지 작은 교회의 필요를 채울 수 있는 대형 물류 창고 시스템. 대한민국의 작은 교회들을 지원하는 물댄동산 같은 터전을 만들고 싶다. 이런 꿈을 꾸니 무언가 쌓아 둔 것으로 오해는 마시라. 아직 받은 물품도 없지만, 창고부터 꿈꾼다. 시골의 폐교나 활용하기 좋은 대지를 주께서 허락하신다면 도전해 볼 만한 사역이다. 그곳에 글램핑장과 오토 캠핑장을 만들고도 싶다. 대형 천막을 활용한 캠핑 처치도 구상해 본다. 자연과 함께하다 맞은 주일에, 함께 모여 찬양하고 기도하며 새 힘을 얻어 나가는 조금 특별한 교회다. 주께서 이루어 주시리라 믿는다.

A – Advertising : 소통하라

중풍으로도 불리는 뇌졸중은 뇌에 혈액을 공급하는 혈관이 막히거나 터지면서 뇌 손상을 일으키는 질환이다. 협심증은 심장에 혈액을 공급하는 혈관인 관상동맥이 좁아지면서 가슴을 쥐어짜는 듯한 통증을 유발한다. 잠을 자다가 증상이 나타나면 돌연사로도 이어진다. 혈관이 막히면 죽는다. 통해야 하는데 막히면 죽는다. 건강 문제만 통해야 하는 게 아니다. 살아가는 우리 삶도 통해야 산다. 통(通)하는 게 뭔가? 소통(疏通)이다. 서로 연결되는 것이다. 소통하기 위해서는 전해야 한다. 알려야 한다. 그래야 접점이 생기고 새로운 일들이 일어나기 시작한다.

공유 교회는 2024년 1월 기준으로 세 교회와 한 선교회가 사용하는 공간이 되었다. 주중에는 베이트야곱선교회에서 찬양과 기도회를 갖고 홈스쿨링을 한다. 주일에는 세 교회가 네 개 층의 다양한 공간을 활용해 예배하고 모임을 갖는다. 1년에 네 번 정도는 연합 예배를 드리고 시시때때로 목회자 가정들이 모여 교류한다. 이런 날이 금방 오지는 않았다. 돌아보니 2년 이상의 시간이 필요했다. 공유 교회로 방향성을 잡고 가만히 있지 않았다. 페이스북을 통해 소식을 전했다. 그 소식이 각종 블로그와 인터넷 신문 기사로 퍼져 나가기 시작했다. 5개월 후, 첫 교회가 합류했고 2년이 지나 지금의 형제 교회와 선교회가 모였다. 소식은 다양한 루트를 통해 전해질 수 있다. 중요한 건 방향성에 맞는 소리를 전할 수 있어야 한다는 것이다.

페이스북에 "일하는 목회자들"이라는 그룹이 있다. 그 그룹에도 '선한친구들'의 소식을 전했다. 작은 교회를 도왔던 이야기, 인테리어로 변화된 예배실, 가평에 교회를 건축했던 소식, 또 나의 소소한 목회

스토리들. 2022년 하반기에 진행된 사역은 나를 놀라게 만들기 충분했다. 모두 페이스북을 통해 연결된 사역들이 전국에서 진행됐기 때문이다. 그해 여름의 정점, 경상북도 영주시에서 연락이 왔다. 고신측 임 목사님은 영주에 새롭게 둥지를 틀게 되었다고 50평 정도 되는 상가의 인테리어를 요청했다. 페이스북을 통해 선한친구들의 사역을 속속들이 알고 있었다. 믿음이 간다는 것. 그 기대에 어긋나지 않게 원하시는 예배 공간, 교육 공간, 커뮤니티 공간을 만들어 드렸다.

여름과 가을의 경계선 같은 날의 주일, 사역을 마쳤는데 피로가 엄습했다. 오후에 두어 시간을 툭 떨어져 잠이 들었다. 깨어 보니 부재중 전화가 찍혀 있다. 인천에서 사역하시는 박 목사님이었다.

> "새롭게 교회를 이전합니다. 지하에서 8년을 지냈는데요. 지상으로 옮기게 되었습니다. 문 목사님 사역을 페북 통해서 계속 지켜보고 있었어요. 시간이 되시면 한번 올라와 주실 수 있을까요?"

시간을 끌 필요가 뭐가 있을까?

> "내일 갈게요."

다음 날 만난 박 목사님의 첫인상, 이런 류의 단어들이 떠올랐다. '착

함', '성실함', '부드러움', '믿음'. 박 목사님은 한 물류 회사에서 근무하며 목회하는 일하는 목회자였다. 자비량으로 본인과 가족의 생계를 책임지는 것은 물론이요 교회의 필요까지 채우며 살아가는 참 씩씩한 바울형 목회자. 그런 그도 지하에서 보낸 8년을 추억할 때는 눈시울이 붉어졌다.

> "비가 많이 오면 바닥에 물이 차는 거예요. 그럴 때면 쓰레받기나 납작한 그릇으로 물을 얼른 퍼담아 밖으로 버리는 게 전부였죠. 처음에는 성도님들에게도 미안하고, '어서 벗어나야지' 하는 생각이 컸어요. 그런데 사람이 참 무섭죠. 이게 계속 반복되고 반복되니까 그냥 아무렇지도 않은 거예요. 일상적으로 물을 퍼 담고 있는 제 모습을 보고서 흠칫 놀랐죠."

가 보지도 않은 그 지하 예배실이 눈앞에 그려지는 듯했다. 내 입가에 낮은 한숨 한 자락이 터져 나왔다.

> "얼마나 고생이 많으셨어요. 그나저나 8년을 보내셨는데, 이번에는 어떤 계기로 올라오시게 된 겁니까?"

드라마틱한 스토리가 이어졌다. 지하에 있는 교회들이 장마나 폭우 때 침수 피해를 겪는 일이 많다 보니 도움을 줄 방법을 지방회에서 논의했단다. 교회 보증금에 보탤 수 있도록 지원하고 지상으로 올라오도록 유도하자는데 합의. 다섯 개 교회를 대상으로 연락을 취했다.

> "1,000만 원을 지원할 테니, 지상에 있는 공간을 임차해서 교회를 이전할 용의가 있습니까?"

얼마나 감사한 일인가? 현재 보증금에 보태서 지상으로 올라올 수 있는 지원을 한다는데…. 그런데 반응이 의외로 냉랭했다고 한다. 네 개 교회가 제안을 거절했다. 이유는 존재했다. 지상으로 올라오게 되면 월세가 급등한다는 것. 일리가 있다. 또 인테리어를 새롭게 해야 하는데 그것도 부담. 이 역시 틀린 말은 아니었다. 박 목사님만 반응이 달랐다. 왜 같은 고민이 없었을까마는 지하를 벗어나야 한다는 간절함이 앞을 가로막은 고민거리를 티끌처럼 보게 만들었다. 흔쾌히 지방회의 제안을 받아들이며 감사하다고 공간을 알아보고 일을 추진하겠다고 기쁘게 응답했다. 이후 임원 회의가 열렸고 논의 끝에 의외의 선물을 박 목사님에게 안겼다. 어차피 지원하려고 예산 5,000만 원을 만들어 놓았으니, 의지를 가지고 움직이려는 교회에 밀어주자는 파격 제안이 통과된 것! 이 귀한 자금이 2층 공간을 임차하는 디딤돌이 됐고, 인테리어 비용은 박 목사님 가족의 헌신과 교회 성도들의 동참으로 해결됐다.

V교회 리모델링 후, 다목적 커뮤니티 공간

신안군에 있는 태이중앙교회와의 인연은 정말 특별하다. 2021년 가을, 담임인 차 목사님의 전화가 있었다. 비가 새는 38년 된 교회에서 울며 기도하는데, 하나님께서 타 교회 권사님을 통해 헌신하게 하셨다. 불쑥 찾아오셔서 하시는 말.

"목사님, 몇 년간 남편 모르게 만 원 이만 원 모아 천만 원이 됐네요. 하나님께 '어디에 쓰면 좋을까요?' 하고 계속 물었어요. 그런데 계속 태이교회가 생각나요. 꼭 필요한 데가 있겠죠?"

500만 원을 들여 지붕을 고치니 비 새는 게 멈췄다. 그리고 나니 예배실이 보이더란다. 정리한다고 최선을 다해도 고만고만한 분위기가 묻어나는 시골 교회 예배실 딱 그 모습을 바꾸고 싶더란다. 이제 2년

후에 40주년인데, 그때까지는 예배실다운 공간으로 리모델링을 하고 싶다는 꿈이 피어올랐다. 어떻게 내게 전화하게 되셨을까 궁금했다.

> "저는 '선한친구들'을 잘 몰랐어요. 그런데 무안에 계신 지인 목사님께서 적극 추천을 하시는 거예요. 페이스북 그룹에서 문 목사님 사역을 보셨대요. 전국의 작은 교회를 위해 최선을 다한다고…. 자금이 없어도 뭔가 방법이 보일 거라고…. 그러니 컨설팅을 요청해 보라고 하시네요."

놀랐다. 그리고 고마웠다. 하나님께서 역사하시는 사인이 깨달아졌다. 바로 다음 날 신안으로 달렸다. 염전을 지나자마자 태이로 들어가는 길에는 세찬 바람을 좋아하는 풍력 발전기가 인사했다. 그만큼 거센 바람이 부는 마을 언덕배기 높은 곳에 교회가 있었다.

교회를 둘러봤다. 그동안 세는 비에 습기를 먹은 천정은 파도가 치는 듯 이곳저곳이 구불구불했다. 페인트칠한 벽면은 소금기를 먹어 군데군데 벗겨져서 속살을 드러냈다. 예배실로 들어서는 양철 문은 30년의 세월을 느끼게 했다. 내부 전기선과 집기도 눈에 거슬리는 부분이 많았다. 차 목사님의 꿈은 예배실의 완벽한 변신이었다. 그 꿈을 응원해 드리고 싶었다.

"목사님, 이렇게 하시죠. 지금 500도 큰돈입니다. 그런데 원하는 스타일로 변신하기 위해서는 힘이 조금 더 필요합니다. 기간은 상관 마시고 500만 더 모아 보시죠. 그럼 '선한친구들'에서 500 정도 보태겠습니다. 최소 1,500 정도는 들어갈 겁니다. 기도하며 기다리겠습니다. 연락하시면서 추진해 봐요."

그날부터 교회는 그 꿈을 향해 뚜벅뚜벅 걷기 시작했다. 그리고 정확히 1년 만인 2022년 11월, 꿈이 현실이 됐다. 처음에 계획했던 것보다 결실이 더 좋았다. 교회 내부에서 500만 원이 모였고, 중앙에 있는 대형 교회에서 소식을 듣고서 500만 원을 선교 헌금으로 지원했다. 물론 '선한친구들'에서도 나무 자재와 천정 자재를 후원해 주신 헌신자들로 인해 약속을 지켰다. 어떻게 이런 일이 가능했나? 수직적인 하나님과의 소통을 지나 수평적 소통을 적극적으로 한 연유다. '선한친구들'에게 현실을 넘어 연락을 준 것이 첫 번째 소통이다. 성도들과도 뚜렷한 목표를 가지고서 기도회를 열며 희망을 키운 것이 두 번째 소통이다. 목회하면서 힘을 주셨던 목사님께 시골 교회의 새로운 발걸음을 가감 없이 전달한 것, 그것이 세 번째 소통이다. 그 연결과 소통이 1년 만에 결실을 만들어 낸 것이다. 나 또한 마찬가지다. 태이교회에서 연락이 올 때마다 소식을 알렸다. 함께 꿈꿨다. 하나님께서는 드라마를 쓰시는 분이 아니시던가! 이야기는 여기서 끝나지 않았다.

태이중앙교회 리모델링이 현실화되기 세 달 전쯤 오벳에돔선교단과 협력 파트너가 됐다. 선한 일을 하다 보니 또 좋은 선교 단체를 소개받아 사역을 공유한 것이다. 태이의 소식을 들은 양윤희 권사님께서 연락을 주셨다. 냉난방기 후원하는 사역을 하는데, 이번에는 신안에 보내고 싶다는 것. 할렐루야! 이 아니 반가운 소식이겠는가! 그동안 석유 냄새 가득했던 난방기를 보내 버리고 30평형 신형 인버터 냉난방기가 자리를 잡았다. 그뿐만이 아니다. 12월에는 창고보다 못한 외관을 가진 사택이 써모 사이딩 벽면 공사를 통해 전원주택처럼 변신했다. 오벳에돔선교단과 인천의 한 교회에서 동참했다. 물론 '선한친구들'의 재원도 투여됐다. 상황이 알려지고 선한 일이 알려지니 꼬리에 꼬리를 물고 좋은 일이 연달아 일어났다.

2023년 2월, 양 권사님께서 또 전화를 주셨다.

"이번에 미국으로 선교 여행을 다녀와서 비용이 좀 남았어요. 그걸 태이중앙교회 예배실 의자 구입 헌금으로 보내 드렸습니다."

먼저는 하나님과 소통하라. 그리고 하나님께서 연결해 주신 사람들과 소통하라. 가만히 앉아서 감이 떨어지길 바라지 마시라. 고민만 하지 마시라. 하나님과 소통하며 듣는 것이 말씀 묵상이요, 요청하는 것이 기도다. 내 삶을 드러내고 여러 루트를 통해 전달하는 것이 이

웃과의 소통이다. 이 수직적·수평적 소통이 능동적으로 연결될 때, 놀라운 일들이 일어난다.

태이중앙교회, 리모델링을 진행하던 중에

2022년 연말이다. 한능력 전도사님과 송연정 전도사님 부부가 '선한 친구들'을 찾아왔다. 강원도에서 사역하다가 영암 삼호읍에 전임 사역을 위해 내려왔단다. 37년 된 영은교회는 열악한 환경이었다. 코로나 시기를 거치면서 그나마 있던 성도들은 다 흩어지고 교회에 남은 성도는 딱 두 명. 80이 넘은 권사님과 장애를 가진 집사님. 교회 외부에 있는 화장실은 고장나서 사용 못 한 지 여러 해, 성도들은 예배를 위해 볼일을 미리 처리하고 오거나 교회에서는 그저 참아 내고 있었다. 사택은 어떨까? 그 몰골은 흡사 빈민촌 같았다. 겨울 찬바람을 막는다고 얼기설기 나무를 버팀목 삼아 비닐을 쳐 놓은 문 앞 풍경은 70년대 흑백영화가 떠올랐다. 이 정도 환경이면 도망(?)가도 누가 뭐라고 할 상황이 아닌 듯하다. 하지만 젊은 목회자 부부의 열정은 참으로 대단했다. 그 두 명의 성도가 눈에 밟히더란다. 남기로 했다.

그날부터 통곡하며 기도하기 시작했다. 그 눈물이 씨앗이 되었을까? 멀리 전라도에 갔다는 소식을 듣고 선배 목사님이 찾아왔다. 그리고 교회의 모습을 보더니 아무 말도 하지 못하더란다. 사역하는 교회로 올라가자마자 당회를 소집하고 "화장실은 고쳐 줍시다!"라며 호소를 했고, 얼마 뒤 영은교회에 아담한 새 화장실이 자리를 잡았다. 한 전도사님 부부는 소통하길 즐겼다. 이 기쁜 소식을 가감 없이 알렸다. 또 한 걸음 한 걸음 걸어가며 변화하는 모습과 비전을 주위에 능동적으로 나눴다. 인연이 있는 교회 남선교회 선교 팀에서 연락이 왔다.

　"필요한 게 있으신가요?"

왜 없겠는가? 사택 상황을 전달하자 일이 일사천리로 진행됐다. 비닐을 걷어 내고 말끔한 판넬 외벽이 바람 앞에 당당히 섰다. 사역을 이렇게 잘 풀어 가고 있는데, 왜 광주에 있는 나를 찾아왔을까?

공유 교회에 대한 궁금증 때문이었다. 페북을 통해 소식을 보는데, 감리교회와 끈끈한 교분이 많더란다. 나주 부덕교회에 십자가 탑 공사며, 신안 태이중앙교회가 새롭게 바뀌는 모습을 보면서 더욱 친근감이 들었단다. 그 와중에 공유 교회를 통해 공간을 나누고 사역을 지원한다는 소식을 듣고서 새로운 도전을 해 보고 싶다는 꿈이 생겼다고 했다. 교회가 있는데 왜? 감리교회에서는 부부가 함께 교역자로는 사역하지 못한다. 결국 아내는 활발했던 이전 사역을 다 접고, 교회 사모로서의 역할만 해야 하는 처지였다. 그러다가 영암과 50분여 거리에 있는 광주의 공유 교회 소식은 새로운 거점 사역의 불씨를 던졌다. 만났던 날, 참 즐겁게 많은 이야기를 나눴고 부부를 격려하며 응원해 드렸다. 아쉽게 공유 교회 합류나 송 전도사님 사역의 확장은 이뤄지지 못했지만, 영은교회와의 인연은 또 다른 모습으로 이어졌다.

만난 지 1년쯤 지났을까? 한 전도사님이 전화를 했다. 신시가지인 목포 오룡 지구에 상가 33평을 임대하고서 교회를 이전하려고 한다. 지금 교회와 15분 거리에 위치한 곳. 지난 1년간 치열하게 사역한 얘기를 잠깐 전하는데, 은혜가 밀려들었다. 어려운 교회 형편을 타개하려고 산지에서 직접 멸치를 떼어다가 전국에 유통했다는 말 하나만으로도 최선을 다한 그간의 행보가 눈에 선했다.

"오룡 지구가 참 특이해요. 교육 지구라서 학교며 교육 시설이 그렇게 많아요. 아파트도 계속 들어서고 있고요. 그런데 지구 상가를 아무리 봐도 교회는 한 곳도 없어요. 참 이상하죠. 이곳에 십자가를 가장 먼저 올리는 교회가 되고 싶습니다."

걸림돌은 인테리어를 위한 재정이었다. 어렵사리 임대 보증금은 마련했지만, 현재 수중에 가지고 있는 건 500만 원이 전부. 33평 상가를 교회로 만들어 내는 데는 아무리 없어도 2,500은 들어갈 텐데 말이다. 그래도 가만있을 수는 없어 현장에서 미팅을 갖고서 비전을 나눴다. '어떻게 방법이 없을까?' 고민하고 고민하는데, 묘수(?)가 떠올랐다.

"다행히 신용카드 여력은 좀 되신다고 했죠. 재료비 1,000만 원 정도는 그걸로 해결해 봅시다. 할부 기간을 길게 잡으면 당장 부담은 없는 셈이니…. 그리고 현재 가지고 있는 현금으로 일단 인건비 치르면서 시작해 보는 겁니다. 일단 움직이고 소통하면 반드시 돕는 손길이 모여들 겁니다. 가만있으면 해답 없지만, 어려워도 움직이면 주께서 선한 이들을 붙여 주실 거예요. 그래도 부족한 건 제가 좀 참으면 되지요. 교회 형편이 허락하는 시기에 주시면 돼요. 뭐 그 정도는 기다릴 수 있는 여력이 됩니다."

여기까지만 해도 입이 벌어질 일인데, 거기에 나는 한술 더 떠 꼭 지켜야 할 약속을 해 버렸다.

"냉난방기도 천정형으로 두 대는 필요해요. 제가 후원 요청을 한번 해 볼게요. 새 걸로는 힘들겠지만, 성능 좋은 중고라도 공사할 수 있도록…. 그리고 예배실 방송 장비도 없잖아요. 그동안 후원받아 가지고 있는 스피커는 있고, 나머지 영상이며 믹서며 필요한 건 어떻게든 만들어 볼게요."

600만 원 이상 들어가는 일을 덜커덕 약속해 버렸다. 이게 무슨 배포인지 원….

신실한 주께서는 대책 없는 내 입술의 약속을 지키게 만들어 주셨다. 시작할 수 없을 것 같은 조건을 넘어 발걸음을 옮기는 영은교회를 향해 많은 이들이 격려와 응원을 보냈다.

십시일반 재정이 모여들었다. 오차 없이 다 채워졌다. 성능 좋은 천정형 냉난방기가 자리를 잡았고 풍성한 음향과 선명한 영상 시스템이 만들어졌다. 구 성전에서의 마지막 예배 시간, 눈물바다가 되었다고 들었다. 그리고 새 예배당에서 맞은 첫 예배 시간, 입을 다물지 못하는 권사님의 함박웃음 속에 기뻐하시는 주의 마음을 보았다고 했다.

오룡 영은교회 이전 감사 예배 특송 장면

R - Recreation : 즐겨라

논어(論語) 옹야(雍也)편 18장에 나오는 말이다. 知之者 不如好之者 好之者 不如樂之者(지지자 불여호지자, 호지자 불여락지자) "무엇을 잘 아는 자는 그것을 좋아하는 자만 못 하고, 좋아하는 자는 그것을 즐기는 자만 못한다"라는 뜻이다. 더 쉽게 풀어서 현대에서는 이렇게들 말한다. 천재는 노력하는 자를 이길 수 없고, 노력하는 자는 즐기는 자를 이길 수 없다. 나는 이 말이 수긍이 된다. 누군가 운동이든, 공부든, 전문 분야의 기술이든 간에 재미가 붙었다. 당연히 투여하는 시간이 많아진다. 그것이 즐거우니 노력하게 된다. 억지로가 아니라 즐기면서 업그레이드되는 과정이다. 당연히 시간이 지날수록 비범한 경지에 도달할 수 있을 것이다.

나는 딱 4개월 동안 부교역자 생활을 했다. 책 서두에서 말한 갑질을 당한 어느 교회에서다. 교회에 딸린 사택에 살 때니 말이 전도사지 거의 관리집사 수준의 업무를 다 했었다. 한겨울, 밤 10시가 넘었는데 담임목사님이 전화를 하셨다.

> "문 전도사, 밖에 비 오네. 지하 선큰(sunken, 지하층에 자연광을 유도하기 위해 움푹 파놓은 마당 공간) 앞에 있는 장의자 있잖아. 공사한

다고 내놓은 거. 그거 비 맞으면 안 돼. 얼른 집어넣어."

5인용 장의자가 얼마나 무거운가? 혼자 못 든다. 곤히 잠자는 초등학교 6학년 아들을 깨웠다. 교회 옆을 돌아 선큰으로 가는데 병일이가 툭 하고 던지는 말.

"아빠는 꼭 학교 소사 아저씨 같애."

학교에서 잔일을 담당하고 이런저런 심부름을 하는 관리인 아저씨를 그렇게 부르지 않던가? 아들이 한밤에 일어나 장의자를 정리하러 가야 하는 모습에 적잖이 실망한 모습이었다. 자, 이런 상황에서 여러분이라면 어떤 반응을 보이시겠는가?

나는 빙긋이 웃었다. 그리고 병일이를 바라보며 말했다.

"병일아, 아빠가 전도사지?"

"응."

"왜 전도사인지 알아?"

"왜?"

"교회 모든 일을 전부 도사처럼 잘해야 하니까 전도사인 거야. 장의
자 나르는 것도 잘해야 전도사야."

병일이가 빵 터졌다.

"하하! 그래, 알았어."

"우리 빨리 나르고 쉬자. 우리 병일이 있으니까 아빠가 든든하네."

그리고 한밤의 장의자 정리는 나름 신나게 게임처럼 끝내 버렸다.

이왕 하는 일이라면 짜증 낼 필요가 뭐가 있나? 주어진 일이라면 즐
기는 게 좋다. 끊임없이 숙제를 만나는 게 인생이다. 죽을 때까지 해
야 하는 공부와 일, 처리해야 할 문제를 만나는 게 인생이다. 그렇다
면 능동적인 게 좋다. 즐기면서 노하우를 익혀 가고 그 노력이 쌓여
또 다른 인생의 키를 갖게 되는 것이다.

나는 목회도 즐겁게 한다. 누군가는 설교 준비가 어렵다고 한다. 쥐
어짜 내니 어렵다. 나 또한 물론 쉽지 않다. 그 짧은 시간에 감동을 주

고 삶의 변화를 위한 복음을 축약해 전해야 한다는 것이 단순한 일인가? 그런데 나는 즐긴다. 학교에 있었을 때 강의했던 것처럼, 세세하게 자료를 준비해서 전한다. 파워포인트를 수십 장 만들어 성도들이 지루하지 않게 만든다. 이해하기 쉽게 단어를 사용하고 중언부언하지 않기 위해 텍스트 원고도 정확한 분량을 준비해 순서에 맞게 전한다. 부족한 사람의 설교이지만 성도들이 공감해 준다. 유튜브 생방송도 한다. 많지 않은 수이지만 핵심 멤버들이 곳곳에서 실시간으로 예배를 드린다. 언젠가 수술을 받으러 입원한 집사님이 핸드폰으로 예배에 참여했다가 나중에 이렇게 간증하셨다.

> "목사님, 거기서도 은혜받았어요. 더 집중이 잘돼요. 마치 강의 듣는 것처럼 목사님 얼굴, 자료 화면이 왔다 갔다 하니 참 좋아요."

나는 설교 준비하는 것이 즐겁다. '선한친구들'의 사역도 즐겁다. 인테리어와 건축 작업 현장은 어찌 쉬운 환경이겠는가. 분진이 가득하고 사고 위험이 언제나 상존한다. 또 하자가 발생할 수도 있다. 사람도 다양하게 만나는데 '이건 영 아니올시다' 하는 사람들도 만난다. 물건이 잘못 배달되고, 원하는 대로 공정이 진행되지 못하는 일들도 부지기수다. 그러면 짜증을 내야 하나? 아니다. 그마저도 후에 보면 다 경험이 되고 실력을 업그레이드시키는 필수 코스였음을 깨닫게 된다. 그래서 즐겁다. 점점 이 사역의 전문가가 되어 가는 내 모습이 참 좋다.

공유 교회를 시작한다는 말에 염려 섞인 말을 하는 이들이 많았다. '여러 교회가 쓰면 부딪히는 것이 많다', '목회자들 코드가 맞아야 할 텐데 어려울 것이다' 등 이런저런 부정형의 말들에 나는 무릎 꿇지 않았다. 즐겼다. 교회 간판을 내리고 공유 교회 간판을 올리는 데 신이 났다. 하나님의 일하심을 기대했다. 결국 한 지붕 네 가족, 너무 좋은 조합이 됐다. 내가 맏형 같은 역할을 자연스럽게 하는 나이, 나머지 목사님들이 그 아래로 주르륵. 교단도 다르고 목회 성향도 다양해서 서로 이야기를 나누면 마냥 즐겁다. 배운다. 교훈을 얻는다. 내가 알지 못했던 세계를 간접 체험한다. 간혹 식사를 같이하고 교류회를 갖다 보면, 시간 가는 줄 모르고 이야기꽃을 피운다. 서너 시간은 금방 지나간다. 공유 교회는 정말 신난다. 즐겁다.

크리스천의 신앙생활에 필수적인 것들이 있다. 예배, 기도, 말씀 묵상, 헌금, 봉사, 전도, 사회에서의 헌신과 같은 요소들. 이런 것들이 어떻게 다가오시는가? 부담인가? 의무인가? 맨날 잘되지 않으니 스트레스인가? 부탁드린다. 즐기시라! 정말이다. 즐겨라.

나는 예배 시간에 말씀 듣고 자극을 받는 게 너무 좋았다. 평신도 시절, 예배는 칼이었다. 아내와 연애할 때, 다투고 나서도 예배는 직행이다. 기도도 즐겁다. 기도하면 반드시 응답하시는 아버지를 아는데 어찌 즐겁지 아니 한가! 말씀을 묵상하다 펑펑 우는 순간, 그 행복을 무엇으로 표현할까? 헌신을 통해 누군가 살아나는 걸 보는 순간, 세상에 없는 기쁨을 맛보게 된다. 즐겨라. 기뻐하라. 훗날, 당신에게 반드시 합당한 열매가 주어진다.

성경은 즐거움을 '약'이라고 표현한다.

> 마음의 즐거움은 양약이라도 심령의 근심은 뼈를 마르게 하느니라
> (잠 17:22)

정말 약이다. 한자 '약 약'자는 이렇게 쓴다. 藥, '즐거울 락'에 '풀 초'변이다. 무슨 뜻인가? 즐거움이 마음에서 풀처럼 자라면 그것이 약이라는 것이다. 즐거운 마음으로 매사에 임하라. 즐겁게 신앙생활 하라. 그러면 내 인생에 약이 된다. 내가 누군가를 살리는 약 같은 사람이 된다.

E - Education : 공부하는 인생이 되라

이시형 박사의 책이 있다. 《공부하는 독종이 살아남는다》. 그는 "오늘 무엇을 '공부'하느냐에 따라 미래가 결정된다"라고 단언한다. 공

부 좋아하는 사람이 어디 있냐고들 한다. 그런데 앞서 말하지 않았는가? 공부도 얻을 열매를 기대하며 즐기면 된다. 학교를 졸업하면 공부는 끝나는 것인가? 아니다. 평생 공부다. 그럼 나이 들면 공부하기가 힘들어지나? 아니다. 책 서평에서 이런 이야기를 던진다.

이시형 박사는 혼과 카텔(Horn and Catell)의 연구 결과를 인용해 "기억력 등을 의미하는 유동성 지능은 나이가 들면서 떨어지는 반면, 지식과 경험 때문에 만들어지는 결정성 지능은 올라간다"라고 설명했다. 특히 정보를 관리하고 판단하는 지능인 '통괄성 지능'은 40세 이후부터 사람에 따라 높아지기도 하고 떨어지기도 하는데, 이는 사람에 따라 정보를 다루는 훈련, 즉 공부를 얼마나 하느냐의 차이로 달라진다는 것이다.

이시형 박사는 "나이와 상관없이 공부를 계속하면 기억에 관여하는 해마 신경 세포가 증식하므로, 뇌를 제대로 활용하는 법만 배운다면 누구나 10대 못지않은 젊은 뇌를 유지할 수 있다"라고 말한다. 그는 또 "불황 속에서 나를 지킬 수 있는 힘은 끊임없는 자기 계발뿐"이라며, "이 나이에 무슨 공부냐는 생각을 버리고 독한 마음으로 공부를 시작하면, 불황이 끝났을 때 당신의 인생도 달라져 있을 것"이라고 조언한다.

공부는 버릴 게 없다. 반드시 역할을 한다. 지금의 내 모습을 봐도 그렇다. 대학원 석박사 과정을 마치면서 논리적으로 논문을 쓰는 공부를 했다. 대학에 근무했을 때는 학생들 강의는 물론이요, 기업과 공무원 교육원 등 많은 단체에서 특강도 했다. 그리고 신대원에서 신학을 했다. 대학원만 10년을 다닌 셈이다. 이게 목회 현장과 연결되나? 설교하고 교육하는 게 목회자의 기본적인 사역이다. 나는 젊은 시절 강단에서의 경험과 학습을 지금 풀어내고 있다.

30대 초반까지는 기획 대행사를 운영하는 대표로 일했다. 40대 익산 문화 재단의 사무국장으로 근무할 때는 시 대표 축제인 서동 축제 운영본부장까지 겸임하며 일했다. 이런 일들의 시작은 페이퍼이다. 계획이 완벽하게 서야 실행할 수 있다. 기본 계획서만 100여 페이지 이상, 실행 계획서는 그 두께가 사전 수준이다. 그걸 만들어 내기 위해서는 공부해야 했다.

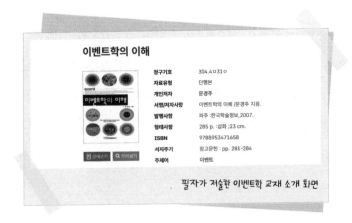

이벤트학의 이해

청구기호	304.4ㅁ31ㅇ
자료유형	단행본
개인저자	문경주
서명/저자사항	이벤트학의 이해 /문경주 지음.
발행사항	파주 :한국학술정보, 2007.
형태사항	285 p. :삽화 ;23 cm.
ISBN	9788953471658
서지주기	참고문헌 : pp. 281-284
주제어	이벤트

필자가 저술한 이벤트학 교재 소개 화면

창의적인 문화 행사가 그냥 나오겠는가? 사례도 살피고, 끊임없이 자료도 찾고, 새로운 아이디어를 접목하고 회의를 거듭하면서 많은 이들에게 기쁨과 즐거움을 주는 프로그램이 탄생한다. 다소 완벽주의적인 성격 탓에 직원들이 많이들 고생했다. 그래도 결과물은 좋았다. 많은 관광객이 찾았고 호평 속에 전라북도 대표 축제로 성장시켰다. 자, 그렇게 공부했던 것이 목회 현장과는 어떤 연관이 있을까?

'선한친구들' 사역을 하는 것을 보고 많은 이들이 묻는다.

"인테리어는 언제부터 하셨어요? 원래 건축일을 하셨나요?"

나는 손사래를 친다.

"아니요. 저는 망치질도 잘 못해요."

진짜다. 망치질도 잘 못하는 내가 어떻게 이런 사역을 할 수 있나? 나는 망치질은 잘 못하지만, 일 잘하는 이들을 연결해 아름다운 공간을 만들어 내는 계획을 세울 수 있다. 좋은 팀들이 누굴까 찾아내는 일을 잘할 수 있다. 어떤 공정이 먼저고 어떤 공정이 후에 들어와야 효과적인지 파악이 된다. 그것을 세세하게 페이퍼로 정리하는 데도 능하다. 중요한 것, 예산이 어느 정도 들어가야 일이 될지 정리가 된다.

방금 열거한 이 사역의 과정은 이벤트 현장과 무척 닮았다. 축제를 예로 들면 '공간 기획'이 있다. 무대 조성, 전시관 조성, 체험 현장 조성, 방송 영상 기자재 세팅까지…. 어떤 팀이 일할지 결정하고 투입한다. 행사 수개월 전부터 전쟁 모드다. 프로페셔널이 누군지 결정하고 최고 수준의 작품을 의뢰한다. 공연진, 운영진과 같은 인력 풀에 대한 섭외와 관리도 필수다. 사람과의 관계 훈련을 한 셈이다. 정해진 예산 범위를 잘 분할해야 한다. 또 법 규정에 맞게 잘 집행되고 투명하게 관리되도록 한다. 어떤가? 닮지 않았나? 그렇게 현장에서 공부했던 시간이 지금 목회와 사역 현장에서 그대로 활용된다.

아들 병일이는 중학교에 올라가면서 엇나가기 시작했다. 초등학교에서 전교 학생회장까지 했던 나름 잘나가던(?) 아이였지만, 학원 하나 제대로 보내 줄 수 없는 환경에 낙심이 컸던 모양이다. 어느 날, 파출소에서 다급하게 연락이 왔다. 아이들 여럿이 패싸움을 했다는 것이다. 상대편 아이가 맞았는데 맞은 부위가 하필 눈이라고 했다. 다친 아이 사진을 보고서 기겁을 했다. 많이 부어서 병원에 가 검사부터 받는단다. 피멍 든 눈을 보니 온갖 걱정이 차올랐다. 혹시 잘못되면….

다행히 실명된다거나 하는 큰일은 발생하지 않았지만, 병원 치료 진단이 꽤 나왔고 이 사건은 결국 경찰 조사를 통해 검찰까지 넘어가게 됐다. 조사를 마치고 검찰청 사무관이 나와 말한다.

"합의하신 상태라 정상 참작이 좀 될 겁니다. 그래도 미성년자라 부
모님이 하실 일이 있어요. 반성문을 써 주셔야 합니다?"

그날 내 인생에 가장 정성(?)스러운 반성문을 써 내려갔다. 뒷바라지
를 못 해준 미안함을 꾹꾹 눌러 담아서….

고등학교에 들어가 큰 문제는 없었지만, 흡연 문제가 해결되지 않았
다. 교내 흡연이 발각되면 학생 선도 위원회가 열렸다. 문제는 부모
가 출석해 그 따가운 눈총을 받으며 함께 벌(?)을 서야 한다는 것. 아
내는 그때마다 참 힘겨워했다. 이 일이 세 번째 반복되었을 때, 나는
병일이를 불러 마지막 경고를 했다.

"앞으로 이런 일 한 번만 더 발생하면, 학교에서 뺄 거야. 자퇴시킨다?"

어떤 부모가 자식 학교를 그만두게 하고 싶겠는가? 이제는 제발 악
순환을 반복하지 말자는 나름의 극약 처방이었다. 그런데 안 통했다.
결국 낙엽이 떨어져 거리에 가득했던 늦가을, 병일이도 학교에서 떨
어져 나왔다. 독한(?) 아빠가 아들 자퇴서에 사인을 해 버린 것이다.

그 험한 시간이 병일이에게 자극이 되었나 보다. 병일이는 다시 공부
하기 시작했고, 인생이 달라졌다. 2021년 페이스북에 이런 포스팅을

했다. 제목은 "병일이의 역전 스토리".

아들 병일이가 공군학사 사관 예비 장교 면접 시험을 통과했습니다. 신원 조회 절차가 남아 있지만 별 이변이 없으면 졸업 후 2023년 공군 장교로 임관하게 되죠. 제가 교회를 개척하던 시기(8년 전쯤)에 병일이는 방황하기 시작했습니다. 흡연 문제, 폭력 사건 등으로 아내는 중학교 고등학교에 수시로 불려 다녔죠. 저도 검찰청까지 가서 반성문을 썼던 기억이 있어요. 학교 공부도 손을 놓더군요. 고1 때 저는 특단의 조치를 내렸습니다. 자퇴를 시킨 거죠. 그리고 검정고시 학원에 등록을 시켰습니다. 사람 일은 모른다지요. 병일이는 인강을 중심으로 혼자 공부하는 방법을 터득해 나갔습니다. 다음 해 8월 시험, 전 과목에서 3문제만 오답이었어요. 저도 깜짝 놀랐습니다. 그다음 해인 2018년, 하루 13시간 동안 셀프 스터디를 해야 하는 이투스 학원에서 인고의 시간을 보냈습니다. 수능을 치렀고 건국대학교 신문방송학과에 입학하게 되었죠. 이것만 해도 하나님께 얼마나 감사하던지요. 군 문제도 사실 아픔이 있었습니다. 작년 학군단에 응시했지만, 면접에서 탈락을 했지요. 얼마나 속이 상했는지 저랑 통화하면서 울더라고요. 제가 다독였습니다. "괜찮아 아들, 실패가 있어야 인생이 자라는 거야 힘내!"

사병으로 간다고 행정병 지원을 했는데 이게 웬일입니까? 그것도 탈락을 한 겁니다. 저도 마음이 상하더군요. 결국 일반병으로 간다고 10월 일정이 잡혔지요. 2월쯤 병일이가 그럽니다. "아빠, 나 한 번만 더 도전해 보고 싶은데, 학사장교." 사실 공군은 영어 성적도 우수해야 하고, 한국사며 필기 시험 커트 라인도 높다는 평이 있습니다. 저도 허락하면서 내심 '힘들 것 같은데…' 하는 생각을 했지요. 그런데 역시 혼자 끙끙대며 독학으로 준비를 시작하더군요. 토익도 가점을 받을 수 있는 점수를 획득하더니 필기 시험 준비도 수험서를 이 잡듯 훑어보며 열심을 냈습니다. 결국 4월에 필기 시험을 무사히 통과하고 면접 대비도 철저히 한 덕에 기쁜 소식을 듣게 됐습니다. 사실 저도 학창 시절 끝 모르게 방황했던 문제아(?)였습니다. 부모님 속을 무던히도 썩이던 아들이었지요. 그런 제가 이젠 나름 착하게(^^) 살아가는 목회자가 되었습니다. 저 역시 많은 실패와 역경의 시간을 지나 지금처럼 행복한 사역자가 되었죠. 아들 병일이를 통해 과거의 제 모습을 봅니다. 방황하던 시절, 또 치열하게 공부하던 그때가 떠오릅니다. 실패의 눈물을 흘리고 난 후 다시 오뚝이처럼 일어서서 달려왔던 지난날이 스쳐 갑니다. 이 좋은 날을 주시는 내 크신 하나님! 내 아버지께 그저 감사해서 눈시울이 뜨거워집니다. 행복한 주일이 지나가고 있습니다.

2023년 5월의 마지막 날, 푸르고 푸른 연병장에서 병일이 어깨에 빛나는 다이아몬드가 달리는데, 지난 시간이 주마등처럼 스쳐 갔다. 앞을 가로막는 역경의 벽을 잘 타고 올라온 클라이머 같은 아들의 어깨를 사랑 가득 담아 두드려 줬다.

"수고 많았어, 아들! 고맙다."

150기 공군 학사장교 임관식에서 필자 가족사진

고대 그리스의 희극 작가인 에우리피데스(Euripides)가 한 말이다. "젊었을 때 배움을 게을리한 사람은 과거를 상실하며, 미래도 없다." 비단 젊은이뿐이겠는가? 공부와 배움을 멀리한다면 그 사람의 미래는 없다. 신앙에서도 마찬가지다. 성경의 배움, 공부를 멀리한다면 지적인 성숙을 기대할 수 없다. 봉사와 헌신을 통해 얻어지는 살아 있는

지식을 얻지 못한다면, 신앙의 진보를 바랄 수 없다.

성경에서 어떤 인물들이 공부하지 않고 훈련되지 않은 채 살아 위대한 인물이 되었던가? 없다. 다윗은 목동이었으나 물맷돌의 귀재였다. 단 한 방으로 거인을 쓰러뜨릴 만한 물맷돌 던지기가 학습되어 있었다. 바울은 가말리엘 문하에서 수학하던 인재였다. 공부했던 사람이다. 그의 잘못된 열심이 바른 방향으로 전환하자, 수많은 교회를 세우고 신약의 열세 권을 남기는 영성가가 되었다. 잠언 기자는 이렇게 조언한다.

> 네가 자기의 일에 능숙한 사람을 보았느냐 이러한 사람은 왕 앞에 설 것이요 천한 자 앞에 서지 아니하리라(잠 22:29)

'자기가 살아가는 분야에서 능숙한 사람이라면 그 인생이 빛나게 될 것'이라는 잠언 기자의 가르침이다. '능숙한 사람'이라는 것은 전문가라는 말이다. 프로다. 남들이 어렵게 생각하는 것을 쉽게 풀 수 있는 사람이다. 사회에서도 마찬가지고 신앙에서도 마찬가지다. 능숙한 이들이 있다. 어떻게 탄생하는가? 답은 하나다. 그냥이 아니라 '공부'다. '학습'이다. 책을 통해서도 공부가 가능하고, 경험의 축적을 통해서도 가능하다. 이 글을 읽는 여러분이 자기 분야에서 능숙한 인생이 되어 귀한 자리에 서는 빛나는 인생이 되기를 간절히 바란다.

Epilogue
에필로그

신기하고 놀라운 사랑

케냐 이야기로 책을 열었으니, 다시 그 땅에서 얻은 깨달음으로 마침표를 찍어야겠다. 단기선교 일정 중 만난 주일, 한국에서 들어온 큼지막한 교회 종이 있다는 의미(?)인지 'Bigbell Church'라고 이름한 아담한 예배당에 들어섰다. 100명이 넘는 마사이족 아이들이 올망졸망 모여 있었다. 한 시간 두 시간을 걸어 교회에 온다는 아이들이 얼마나 사랑스럽게 보이던지….

선교사님이 구원과 복음을 아이들 눈높이에 맞춰서 전하는데, 다들 집중 모드다. 스마트폰도 없고 놀잇감도 없는 환경에 교회는 그야말로 신나는 공간이다. (50년 전의 한국 교회도 이랬을 텐데….) 함께 찬양하는 시간, 마사이 망토까지 두른 사모님이 앞에서 인도를 하시는데, 이게 웬일인가? 아니, 명확한 발음의 한국어 찬양이 교회에 꽉 차는 게 아닌가! "싹 트네 싹 터요 내 마음에 사랑이 … 밀려오는 파도처럼 내 마음에 사랑이…♪"와 얼마나 훈련을 한 걸까? 감동이다. '싹트네'를 따라 하는 내 얼굴에 환한 미소가 피어났다. 이어지는 곡은 스와힐리어(동부아프리카 현지어)로 먼저 부른다. 귀에 익숙한 선율인데, 무슨 곡인지 얼른 생각이 나지 않았다. 곡명을 생각하느라 잠시 골몰하는 그때, 사모님이 이렇게 외치셨다. "씽 코레아! 원, 투, 쓰리, 포!" 한국어로 부르자는 말이 떨어지자마자 선명한 노랫말이 다시 흥겹게 메아리친다. "예수님의 사랑 신기하고 놀라워. 예수님의 사랑 신기하고 놀라워 … 하늘 그보다 높고 바다 그보다도 깊고 우주 그보다 넓은 오~ 크신 사랑♪" 갑자기 눈시울이 뜨거워져 울고 말았다. 그냥 아이들이 부르는 복음성가가 아니라 지금 내 삶의 참고백이었다.

'어떻게 내가 케냐까지 날아와 선교사님이 필요한 일을 맞춤형으로 돕고 있지? 만만치 않은 재정이 어떻게 다 공급됐지? 의자 하나 없이 거실에서 예배드리던 공동체가 작은 교회와 공생하며 살아가는 공유 교회가 되다니! 거침없이 전국의 작은 교회를 이모저모 돕고 섬기는 일을 쉼 없이 이뤄 나가는 사역이 어떻게 가능해?'

선물 같은 인생을 허락해 주신 예수님의 그 사랑이 신기하고 놀라워서, 아이들은 웃음 지으며 찬양하는데 나는 눈물을 쏟아 내고 말았다. 베드로 사도는 이렇게 고백한다.

> 그의 신기한 능력으로 생명과 경건에 속한 모든 것을 우리에게 주셨으니
>
> (벧후 1:3)

예수께서 신기한 능력으로 영원한 생명을 주셨다. 죄 속에서 살며 악으로 달려가던 인생에게 주 안의 경건을 주셨다. 삶에 불어닥친 광풍 앞에 두려워 떨던 내게 조용히 다가오셔서 꿈을 꾸게 하셨고, 간절히 찾고 구하고 두드리게 하셨고, 신기한 능력으로 그 꿈의 열매를 다 주셨다. 그래서 나는 또 꿈꾼다.

'마사이족 의료지원 센터 건축과 지속적인 지원', '캄보디아 장애인 보금자리 주택과 교회 건축', '대한민국의 작은 교회를 지원하는 폐교를 활용한 물류 센터 설립'. 손에 가진 것 내게는 없지만 신기한 능력은 주께 있으니, 나는 그저 꿈만 꾼다. 그리고 믿는다. 모든 것을 우리에게 주셨으니….

이 작고 작은 인생의 이야기를 끝까지 읽어 주신 사랑하는 님들께 감사를 전한다.

가족 이야기

"그래, 그렇구나. 그때 이런 일도 있었네."책장을 넘기는데 옛 시간들이 마치 오늘인 양 내 마음을 헤집고 들어옵니다. 또렷한 기억이 오롯이 떠올라 몇 번이나 책을 덮고 울었습니다. 단 한 번도 생각해 보지 않았던 교회 사모의 길, 돌아보니 쉽지 않았습니다. 하지만 신실하신 하나님은 이 길을 통해 나를 변화시키시고 성장하게 하셨지요. 무엇보다 작은 교회 목회자 가정들이 겪는 어려움에 공감할 줄 아는 제법 넓은 마음을 품게 하셨습니다.

믿음은 행함과 동행한다고 늘 희망을 찾아 움직이는 사람, 교회 가는 모습이 가장 멋있고 행복해 보이는 사람, 그 사람과 함께 가는 사역의 길에 이제는 웃음꽃이 피어납니다. 어렵고 힘겨운 시간을 잘 견뎌 준 아들과 딸에게도 고마움을 전합니다. "너희들이 있어 엄마는 참 행복하단다."

‖ **고수진** (아내, 기쁘고즐거운교회 사모, 카페조이 대표)

아빠가 잘하는 두 가지가 있습니다. '운전'과 '말하기'죠. 급한 브레이크나 핸들 조작이 없는 편안한 운전, 또 진심 가득한 말의 에너지는 듣는 사람으로 하여금 대화에 빠져들게 하는 매력이 있답니다. 그래서인지 어려서부터 아빠와 둘이 드라이브하는 게 재미있었습니다. 조수석에 앉아 아빠의 이야기를 듣다 보면, 어느새 목적지에 도착해 "벌써 왔네?"라고

하며 웃곤 했죠.

책을 읽으며 아빠와 사역 길에 동행하며 나눴던 수많은 이야기가 스쳐 지나갔습니다. 추억거리이자 제게 아직까지 생각할 거리를 던져 주는 아빠의 이야기들이 책으로 나오니 신기하기도 하고 찡한 감동이 밀려오기도 합니다. 아들의 마음을 전하고 싶습니다. "아빠, 전국 팔도를 누비며 사역하시느라, 지난 은혜의 기억을 엮어 집필하시느라 정말 수고 많으셨습니다!"

∥ 문병일 (아들, 공군 정훈장교, 중위)

우리 아빠는 참 바보입니다. 예수님만 바라보는 바보. 세상의 가치관은 버리고 하나님을 1순위로 삼는 아빠를 보며 원망스럽기도 했습니다. 하지만 아빠는 우리를 바라보지 않았던 게 아니라 너무 사랑하기에, 사랑하는 주님께 우리 가족을 맡기셨던 것이라는 걸 이제는 알게 되었습니다. 온갖 시험과 어려움이 많았지만, 주님만을 바라보며 나아갔다고, 이겨 냈다고 멋진 고백을 전하는 아빠에게 박수를 보내 드립니다.

책의 초안을 받고 지난 10여 년을 돌아보니 주님의 손이 닿지 않은 곳이 없었습니다. 강한 돌풍에 아프고 힘들 때는 주님이 진짜 너무하다는 생각도 했지만, 그 괴로운 바람도 하나님께서 일하시는 것이었습니다. 지난 세월을 통해 주님의 은혜를 직접 경험하며 감사를 배우게 해 주셨습니다. 눈물과 기도의 시간이 지나 이 책에 짧은 소감을 쓰고 있는 지금까지 인도해 주신 놀라운 하나님께 영광 올려드립니다.

∥ 문예람 (딸, 국민건강보험공단 주임)